KB037523

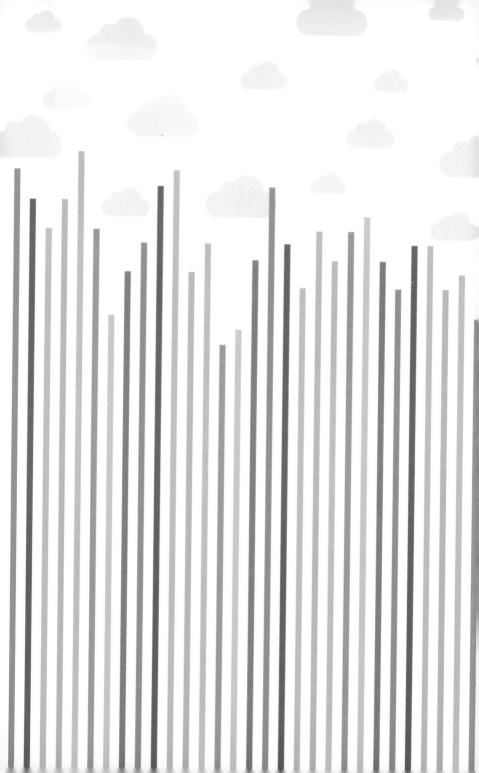

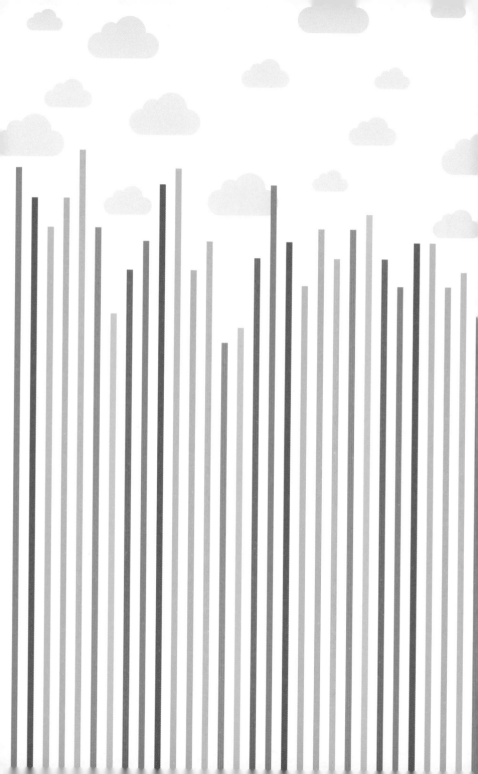

멈추는 것이 아닌
함께 나아가는 것

탈성장
쯤 아는 10대

멈추는 것이 아닌
함께 나아가는 것

하승우 글
방상호 그림

탈성장
좀 아는 10대

풀빛

성장이라는위험한터널

"삼촌, 뭐 해?"

"보면 모르나. 추리닝 꿰매고 있지."

"하여간 궁상은. 그걸 왜 꿰매고 있어. 색깔도 칙칙하고 구멍도 나고. 내가 하나 사 줘?"

"됐거든. 내가 최애하는 아이템이야. 아직 멀쩡한데 뭘 버려. 이렇게 몇 바늘 꿰매기만 하면 다시 쓸 수 있는데."

"밖에 널린 게 추리닝인데, 하여간 삼촌은."

"너 간디 몰라? 물레 돌리는 사진 못 봤어? 이것이 바로 인간과 자연을 살리는 길이니라."

"봤지. 하지만 그건 간디니깐 가능한 거고. 삼촌이 무슨….."

"너 지금 이 엄중한 시국을 모르니? 코로나19가 어떻게 시작되었니?"

"그거야, 중국에서….."

"중국에서… 그다음은?"

"바이러스가 한국으로 넘어왔지."

"아, 그러니까 그 바이러스는 왜 생겼냐고. 갑자기 중국에서 뿅 하고 나타났어?"

"그건 아주 중요한 문제인데…. 삼촌, 인수공통감염병이라고 들어 봤어?"

"세상에, 너도 알고 있었단 말이냐."

"당연하지. 내가 사는 세계의 위기에 대해 알아야지. 동물과 인간 사이에 전염되는 병을 말하는 거잖아. 예전에 유행했던 사스(SARS; 중증급성호흡기증후군), 메르스(MERS; 중동호흡기증후군), 이런 게 다 코로나 계열의 인수공통감염병이라고 하던데. 지금 유행하는 코로나19(세계보건기구 공식명은 COVID-19; Corona Virus Disease 19)도 사스 계통, 즉 중증급성호흡기증후군인 거지. 바이러스의 모양이 왕관처럼 생겨서 코로나라고 불린다고 하던데."

"맞아. 2003년도에 유행했던 사스는 사스-코로나바이러스(SARS-Coronavirus)로 인해 발생했지. 그런데 사스 전에도 인수공통전염병이 있었어. 한국 농촌에서 여름철에 가끔 나타나던 쯔쯔가무시도 풀숲이나 들쥐에 기생하던 털진드기가 사람을 물면 균이 몸 안으로 들어와 걸리는 병이었어. 쯔쯔가무시병이 농업인들에게 많이 생긴다면, 가축의 소변이나 태반, 살균 처리되지 않은 오염된 우유나 유제품을 통해 걸리는 브루셀라병은 축산인들이 조심해야 할 병이야. 그러니 코로나

19 말고도 인수공통감염병은 종류가 많지."

"일본뇌염, 이런 것도 인수공통감염병이지? 모기가 사람에게 옮기는 병이니까."

"그렇지. 코로나바이러스는 사람 외에 돼지, 고양이, 박쥐, 말, 닭, 쥐 등 다양한 동물들에게 전염돼."

"그런데 코로나바이러스는 맨 처음에 어떻게 생긴 거야? 중국의 실험실에서 만들어졌단 이야기도 있던데."

"유튜브 너무 많이 보지 마라. 해로워. 과학자들의 연구 결과에 따르면 가장 가능성 높은 건 박쥐에서 전염되었다는 거야. 박쥐의 면역력이 강해지니까 코로나바이러스가 옮겨 갈 수 있는 새로운 거처(숙주)를 찾은 거지."

"박쥐가 인간을 문 건가. 배트맨도 아니고, 뭔가 으스스한데."

"박쥐에서 인간으로 바로 온 건 아니고 다른 매개체가 있을 거라고 봐."

"그런데 왜 갑자기 최근에 문제가 되는 거야? 바이러스는 옛날부터 있었을 거잖아."

"그게 문제인데, 너 혹시 〈컨테이젼〉이라는 영화 본 적 있냐? 영화 배경이 지금 우리가 겪는 상황이랑 굉장히 비슷한데, 원인 모를 전염병이 빠른 속도로 퍼져서 사람들이 죽고 전 세계가 공포에 떨지. 전염병의 원인을 찾다 보니 박쥐, 박쥐에게 바이러스를 옮은 돼지, 그 돼지를 요리한 홍콩 요리사, 그 요리사와 악수하고 미국으로 돌아간 기업 임원, 이렇게 바이러스가 퍼진 걸 알게 되지."

"와, 엄청나네."

"영화 마지막이 진짜 소름이야. 홍콩으로 출장을 와서 미국으로 바이러스를 옮긴 임원의 회사가 숲을 개발하고 그래서 거기 살던 박쥐가 숲 바깥으로 쫓겨나와 근처의 돼지 축사로 날아가. 이게 뭘 이야기하는 것 같아?"

"인간이 전염병을 자초한 거네. 애초에 박쥐가 자기 서식지에만 살았으면 바이러스가 퍼질 일이 없었을 테니까."

"그렇긴 하지. 그런데 기업이 숲을 왜 파헤쳤겠냐. 거기에 뭘 세우든 나무를 잘라서 원자재로 쓰든 뭔가 용도가 있었을 거고, 그렇게 해야 GNP(국민총생산)도 올라가고 일자리도 생기고."

▶ 일정 기간 동안 한 나라의 국민이 생산한 재화와 용역의 부가가치를 시장 가격으로 평가한 총액. 보통 1년을 단위로 측정된다.

"그러네. 딜레마네, 딜레마."

"이게 뭐가 딜레마냐? 이런 말이 있다. 자연은 인류에게 주어진 선물이 아니라 미래세대에게 빌려 쓰는 거라고. 한정된 자원인 지구 생태계를 지금 세대가 다 써 버리면 나중에 오는 세대는 뭘 쓰냐고. 그뿐이야? 지금 세대가 싸 놓은 똥을 미래세대가 다 치워야 한다고."

"뭐라고, 똥? 예를 들어 어떤 게 똥이야?"

"대표적인 똥이 원자력발전소에서 나오는 핵폐기물이지. 핵폐기물에 들어 있는 플루토늄-239의 반감기▶는 2만 4000년이야."

"잠깐만. 뭐라고? 2만 4000년? 독성이 줄어드는 시간이 그렇게나 필요하다고? 그게 과연 인간이 대처할 수 있는 시간이야?"

"내 말이. 핵폐기물만이 아니라 미세플라스틱에, 유해 화학물질… 싸 놓은 똥은 많고 쓸 자원은 없어. 이거 어떡하나 몰라."

▶ 독성이 반으로 줄어드는 데 필요한 시간.

"당장 개발을 멈추고 더 이상 똥을 싸지 말아야지. 이미 싼 것도 어마어마하다며. 근데 개발을 멈추면 경제는 어떡해?"

"경제가 어려워지면 지금처럼 출산율이 뚝 떨어지겠지. 그럼 아마 미래세대가 태어날 일도 없을 거야."

"그럼 그냥 지구는 망하는 거 아니야?"

"나도 몰라. 어떻게든 방법을 찾아봐야 할 텐데 문제라는 의식 자체가 없는 사람들이 여전히 많아."

"그럼 안 되지. 딱 봐도 문제인데."

"지구로 부족하면 우주로 나가면 되고, 과학기술이 발전하면 모두 잘 해결될 문제라고 생각하는 거지. 코로나19가 유행하면 마스크 쓰고 백신 맞고, 미세먼지 심하면 공기청정기 돌리고, 그러면서 공장은 또 돌아가게 하고, 따라서 일자리도 생기고."

"똥은?"

"똥은 우주로 내보내거나 땅속 깊이 묻거나. 요즘은 그걸 재활용해서 다시 쓸 수 있다고도 하지."

"정말 그게 가능해?"

"그럴 수도 있다는 거지."

"그게 안 되면?"

"그때 가서 고민해 봐야지."

"정말 너무하네. 다음 세대를 위해 좀 그럴듯한 대안을 내놓아야지, 그게 뭐야?"

"이보게 친구, 1960년대부터 생태계 위기가 얘기되었는데 지난 70년 동안 그럴듯한 대안이 없었을 거라 생각하나. 대안은 있지만 그걸 대안으로 받아들이지 않았던 거지. 이런 얘기하는 사람들은 굉장히 이상하거나 위험한 인물들로 여겨졌으니까. 사실 지금 상황으로 보면 성장이 더 위험한데."

"그 대안이 뭔데?"

"혹시 '탈성장'이라고 들어는 봤나?"

"아니, 전혀. 뭐야?"

"알면, 네 인생이 더 복잡해질 텐데. 어때, 조카, 나와 함께 성장이의 블랙박스를 열어 보겠어?"

"뭐야, 그건 영화 〈기생충〉 대사잖아. 썰렁해."

"삼촌의 깊은 뜻을 모르는군. 왜 이 대사를 썼는지 잘 생각해 봐."

1.
탈성장은
성장의
반대말일까?

100
80
60
40
20

"그래서 탈성장이 뭔데?"

"탈(脫)이 뭐니? 벗어난다, 자유로워진다. 그러니 성장에서 벗어난다, 성장에서 자유로워진다, 이런 뜻이지."

"여보세요. '탈'이 무슨 뜻인지는 저도 알거든요. 그러니까 성장에서 벗어나는 게 뭐가 자유롭냐고요. 원시시대로 돌아가 자연의 자유를 즐기는 건가요?"

"맞아, 너처럼 반응하는 사람들이 대부분이야. 성장하지 않으면 바로 원시시대로 돌아가는 거라고 생각하지. 그런데 지금의 문명과 원시시대 사이에 얼마나 많은 변화가 있었겠어. 그런데도 어떻게 성장의 반대말이 원시냐고."

"그럼 성장의 반대말은 뭔데?"

"사전 찾아봐. 성장의 반대말은 퇴보라고 되어 있어."

"그러니까 원시가 맞네. 계속 퇴보하면 원시시대로 가는 거 잖아. 전기 안 쓰면 깜깜해지는 거고."

"퇴보(退步), 지금의 상태보다 뒤처진다는 의미도 있지만 기본적으로는 뒤로 물러난다는 의미야. 길을 걷는데 지금 가는 길이 목적지로 가는 길이 아닌 것 같아. 그럼 어떡해? '에라이, 될 대로 되라' 하며 계속 걸어가, 아니면 되돌아가서 길을 점검해?"

"되돌아가는 게 낫겠지."

"탈성장도 마찬가지야. 그동안 우리는 경제가 계속 성장하면 삶이 좋아질 거라 생각했어. 그런데 경제는 성장하는데 사는 건 더 힘들어졌어. 1인당 국민소득 1만 달러, 2만 달러, 3만 달러…, 물질적인 부는 늘어났는데 양극화도 심해졌지. 생태계는 파괴되어 지구가 더 이상 버티기 힘들어해. 이젠 코로나19 같은 전염병까지 돌아서 경제가 어떻게 될지 몰라. 이런 상황이면 어떻게 해야 할까? 그냥 못 먹어도 '고' 해?"

"아니, 스톱. 일단 여기서 한번 멈춰야지. 근데 스톱하고 난 뒤엔 어떡해?"

"길을 잃어버리면 어떻게 하니? 일단 지도를 꺼내야지. 그리고 그동안 걸어온 길과 가야 할 길을 점검해야겠지."

"그건 길 이야기고. 사회는 어떻게 하냐고."

"사회의 지도가 뭐냐, 바로 역사이지."

"오, 똑똑해. 설득력 있어."

"나는 설득의 왕이지. 아, 인상 찡그리지 말고. 그러니 역사를 돌아보며 걸어온 길을 점검해 봐야지. 물러설 때는 잘 물러서는 게 중요한데, 한국은 그 기회를 한번 잃어버렸어."

"그 기회가 언제였는데?"

"1997년 'IMF(국제통화기금)' 외환위기. 이른바 국가부도의 해였지."

ⅠⅠⅠ 1997년 국가부도의 해, 우리는 무엇을 잃어버렸나

"정말 그때 국가가 부도난 거야? 엄마 아빠 얘기 들으니 엄청 힘들었다고 하던데."

"말도 마라. 끔찍할 지경이었어. 기아, 한보, 삼미, 한라, 해태 같은 대기업들이 줄줄이 부도를 냈고, 1997년 12월부터 1998년 4월까지 월평균 3000건 이상의 부도가 발생했어."

"와, 대체 무슨 일이 있었던 거야?"

"1996년 12월에 한국이 경제협력개발기구(OECD) ▶ 에 가입

할 때는 다들 선진국이 되는 줄 알았지. 1980년대 말부터 전 세계가 호황이었거든. 한마디로 뭘 해도 성공하는 시기였던 거지."

"그렇게 좋았는데, 왜 갑자기 위기가 온 거야?"

"인생만사 새옹지마라고, 좋을 때 위기를 대비했어야 했는데 그냥 앞만 보고 달린 거지. 한국 경제가 좋아지니 미국은 한국이 불공정 무역을 한다며 무역 보복을 추진했고, 일본은 한국을 견제하기 위해 첨단기술의 수출을 금지해. 동남아시아 국가들은 한창 한국을 따라잡고 있었고, 태국을 비롯한 아시아 지역에서 통화 위기가 심각해지고 있었거든. 여기다 한국의 대기업들은 경제호황이 계속될 줄 알고 설비에 과잉투자를 하고 문어발식으로 사업영역을 확장하고 있었어. 이렇게 몸집은 계속 커지고 있는데 피가 딱 막힌 거지."

"정말 절묘한 타이밍이었네."

"너, 'BIS 자기자본비율'이라고 들어 봤니?"

"아니, 못 들어 봤는데. BIS가 뭐야?"

▶ 경제 성장, 개발도상국 원조, 통상 확대의 세 가지를 주요 목적으로 하여 1961년에 창설된 국제 경제 협력 기구.

"BIS는 '국제결제은행'이야. Bank for International Settlements. 자기자본비율은 기업의 총자산 중에서 그 기업이 차지하는 비중인데, 국제결제은행은 총자산 중 최소 8% 이상이 자기 자본이어야 기업 재무 구조가 건전하다고 봤어."

"뭐야, 기업들이 자기 돈으로 사업을 하는 거 아니었어?"

"쯧, 이래서 원론만 가르치면 안 된다고. 한국 현실에 하나도 안 맞아."

"됐고. 물어보는 거에 답이나 해 줘."

"내가 예를 하나 들어 줄게. 너 그 유명한 대치동 은마아파트 알지?"

"알지, 대한민국 사교육 1번지, 대치동."

"은마아파트를 세운 게 외환위기 때 부도가 났던 한보그룹이야. 심지어 한보그룹 본사를 아파트 상가에 뒀었어. 그때 은마아파트 총공사비가 당시 돈으로 1450억 원이었어. 그런데 한보그룹이 공사비로 낼 수 있었던 금액이 얼마였는 줄 알아?"

"글쎄, 아까 8%라고 했으니 한 100억 원?"

"아니, 단돈 20억 원이었어."

"대박, 그럼 나머지 돈은?"

"정부와 은행에서 빌렸지. 이때 한보그룹은 은마아파트를

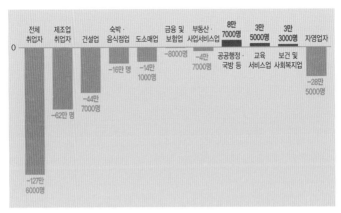

표 1-1 외환위기(1998년) 당시 감소한 취업자 수(전년 대비). 출처: 통계청

팔아 2000억 원을 챙겨. 봉이 김선달 저리 가라지. 20억 원으로 수백억 원을 챙겼으니."

"와, 회장이 대단한 장사꾼이었나 보다."

"로비의 신이었지. 내가 예전에 최저임금 얘기할 때 말했을 텐데. 정태수 회장은 세무 공무원 출신으로 로비의 달인이었어. 결국 한보그룹은 외환위기 때 5조 원의 빚을 남기고 부도를 냈지."

"대단해. 정말. 다이나믹 코리아야."

"사태를 더 키운 건 당시 김영삼 정부였어. 정부는 절대로 외환위기는 없다고 공언하다 결국 실패를 인정했고, 1998년

1월이 되자 실업률이 한 달 사이에 1.4%나 올라 4.5%, 2월엔 8.7%로 올라가. 난리가 난 거지."

"그래서 금모으기 운동도 하고 그랬다며."

"코미디였지. 사고는 정부와 기업들이 쳤는데 시민들이 아이들 돌반지까지 내놨어. 그때 모은 금이 무려 227톤, 현금으로 22억 달러나 됐어. 그런데 그렇게 금을 모은 시민들은 해고되어 길바닥으로 나앉았지."

"그게 무슨 양아치 같은 짓이래."

"그때 IMF가 요구한 걸로 알고 있지만 실제로는 한국 정부가 은근슬쩍 협상안에 넣은 게 구조조정과 정리해고제, 파견근로자제도야. 한마디로 노동자들의 해고를 쉽게 하고 용역 인력을 파견하는 제도를 도입한 거지."

"정말 나쁜 정부네."

"그건 그렇고 여기서 중요한 교훈은 뭐냐?"

"메뚜기도 한철이다. 아니지, 정부나 기업을 믿지 말자."

"넌 정말 생각하는 수준이⋯ 틀린 말은 아니지만. 중요한 건 내실 없는 성장이 정말 위험하다는 점이야. 한순간에 훅 가는 거지. 경제가 성장한다고 기업이나 정부가 하자는 대로 무조건 따라가다간 큰일 날 수 있다는 거지."

▌▊▋한강의 신화, 성장의 신화

"그래도 성장은 필요한 거 아냐? 학교에서 배웠는데 1960년대에 한국은 '보릿고개'를 겪었다며."

"보릿고개, 그렇지. 겨울을 지나며 식량은 바닥나고 보리는 아직 수확 전이라 배를 곯는 시기. 그런 때가 있었지. 생각해 봐. 한국전쟁이 1953년에 끝났고 낙동강 밑을 빼면 전 국토가 전쟁터였단 말이야. 한마디로 폐허였어. 그런 곳이 회복되려면 일정한 성장은 필요했지. 지금이야 금리가 보릿고개 수준이지만 1960년대 후반은 정기예금 실질금리▶가 연 15%대였어."

"와, 그럼 100만 원 예금하면 1년 뒤에 115만 원을 받는 거네. 대박이다!"

"그렇게 가계부를 쥐어짜서 저축하고 논밭과 공장, 사무실에서 밤잠 없이 일해서 경제가 회복되기 시작한 거지."

"그걸 '한강의 기적'이라 그랬다며."

"놀랄 만한 일이긴 한데, '기적'이라고 하면 얼마나 많은 사

▶ 물가 상승을 감안한 이자율. 물가를 반영해서 실제로 내가 이익을 보는 금리를 말한다.

람의 피땀이 들어갔는지 잘 안 드러나잖아. 그리고 전국에 강이 얼마나 많은데 하필이면 한강이니.”

“까칠하기는. 제2차 세계대전 이후에 독일이 빨리 발전한 걸 묘사한 ‘라인강의 기적’이란 말을 한국에 빗대어 표현한 거라며. 그냥 좀 쓰면 안 돼?”

“야, 독일이 성장한 거랑 한국이 성장한 거랑 같니? 독일은 사회민주주의 국가이고, 한국은 토건국가이고. GNP 수치만 따질 게 아니라고. 기본적으로 사회가 틀려.”

“토건국가는 뭐야?”

“토건, 토목과 건설. 토건국가는 중앙정부와 지방정부가 대규모 건설 사업에 예산을 투자하고 건설사는 이 사업을 따내기 위해 정치인과 결탁하고, 지역발전을 명분으로 내세우지만 실제로는 자연 생태계를 파괴하는 난개발을 일삼는 국가를 가리켜. 일본과 한국이 대표적인 토건국가지. 아까 은마아파트와 한보그룹 얘기했지?”

"음, 그런데 필요한 공사는 해야 하는 거 아냐?"

"필요한 공사는 해야지. 그런데 그 필요성을 누가 판단하지? 정부는 필요하다고 공사를 하겠지만 실은 건설사들과 개발 이익을 나눠 먹으려고 하는 경우가 많단 말이지. 그러니 대부분의 대기업들이 건설사를 두고 있어. 그리고 아무리 허황된 개발사업이라도 지역주민들은 뭐라도 떡고물이 떨어지겠지, 땅값이라도 올라가겠지, 이런 마음이고. 그러니 경제에서 건설이 차지하는 규모는 계속 커지고. 돈은 대형 건설사들이 챙기고, 현장 공사는 하청의 재하청업체가, 공사장엔 외국인 노동자들이 늘어나고."

"역시 삼촌은 부정적이야. 그렇게 돈이 돌고 돌아야 경제도 돌아가는 거 아냐? 도로나 철도 같은 사회기반 시설들이 만들어져야 생활도 편리해지는 거고."

"사실을 알려 줘도 받아들이려 하지 않으니 답답하군. 잘 들어 봐. 2017년 국정감사 때 밝혀진 건데, 2011년 이후 개통된 전국의 120개 일반국도 가운데 41개(34.1%)가 설계할 당시 예측 통행량의 절반에도 미치지 못하는 것으로 확인됐어. 이 가운데 13개 국도는 통행량이 예측 통행량의 30%에도 못 미쳤어. 특히 2013년에 개통한 '압해-운남' 도로의 경우 일일

평균 통행량이 예측치 1만 475대의 17%(1812대)에 불과했는데, 이 사업 예산이 약 1371억 원이야. 이게 필요고 편리냐?"

"그거야 앞으로 예측 통행량 계산을 더 정확하게 해서 사업을 하면 되는 거지, 도로를 놓으면 안 된다는 식으로 얘기하면 어떡해?"

"물론 예측은 더 정확해져야지. 또 한 가지 문제가 있어. 도로는 자동차 수요의 증가를 전제하는 건데, 자동차가 늘어나면 미세먼지, 배기가스 등 여러 가지 문제가 발생해. 공공교통을 활성화시켜서 자가용을 줄이는 게 미래지향적인 삶 아냐?"

"그러니까 요즘 전기자동차나 수소자동차가 대안으로 떠오르는 거 아님?"

"전기나 수소는 그냥 공짜로 얻어지니? 핵발전소, 석탄화력발전소에서 나오는 폐기물은 어떻게 할 거야? 인생이 뭐 돌려막기냐?"

"몰라 몰라. 그래도 그렇게 경제가 성장해서 보릿고개도 없어지고 삶이 나아진 거잖아. 부수적인 피해는 어쩔 수 없는 거 아닌가?"

"누가 보릿고개로 돌아가자니? 아까 말했지. 걸어온 길을 점검하며 다른 길을 찾자는 거지 출발점으로 돌아가자는 게 아니잖아. 그리고 뭐가 부수적인 피해니? 길거리에 쏟아부을 돈이 사람에게 갔어 봐. 그럼 우리 사회가 지금보다 훨씬 나아졌을걸."

▮▮▮ 경제가 성장하면서 삶이 나아졌을까

"글쎄, 나는 성장하지 않는 경제는 한 번도 생각해 본 적이 없어서 삼촌 말이 다 이해되진 않아."

"그럼 이제부터 생각해 봐."

"사실 스마트폰, 인터넷, 인공지능, 이런 것들은 경제가 성장했으니까 쓸 수 있는 거 아냐?"

"경제 성장과 과학기술의 발전을 따로 생각할 수는 없겠지만 둘이 같은 건 아니지. 기술이 발전하는 건 경제를 위해서가 아니라 인간의 필요 때문이지."

"경제가 성장해야 새로운 과학기술에 투자도 하고 이윤을 많이 챙길 수 없는 쪽에도 투자를 하지 않을까?"

"이윤이 안 나는 기술에 기업이 투자하는 건 못 봤는데. 그럼 너는 어느 정도 성장하면 우리가 편하게 살 수 있을 거라고 생각해?"

"1인당 국민소득이 세계 1위인 나라가 어디더라? 한번 보자. 어랏, 룩셈부르크네. 10만 달러가 넘어. 한국보다 3배 정도 많네. 이 정도면 좋을까?"

"하여간 욕심은. 그런데 경제 규모가 3배 늘어나면 모든 시민의 삶이 편안해질까? 지금보다 한국의 1인당 국민소득이 3분의 1이었던 시기가 1996년 정도야. 그럼 우리는 그때보다 3배 정도 잘살고 있을까?"

"나는 그때를 안 살아 봤으니 모르지."

"그때는 핸드폰이 아니라 삐삐(무선호출기)를 썼고, 인터넷 속도도 지금과는 비교할 바가 아니었어. 하지만 삶의 질을 따져 보면 어떨까? 경제는 계속 성장했지만 2019년 유엔(UN) 행복지수에 따르면, 한국은 전 세계 156개국 중에 54위야. GDP(국내총생산) 규모는 세계 12위인데 행복지수는 54위야. 행복지수 1위는 핀란드, 2위는 덴마크, 3위는 노르웨이. 1인당 국민소득으로 보면 핀란드는 10위권 밖이고 노르웨이와 덴마크는 10위권 안이야."

"그러니까 삼촌이 하고 싶은 말은 경제 성장과 행복이 반드시 같은 것은 아니다 이거지?"

순위	국가	점수 (10점 만점)
1위	핀란드	7.769
2위	덴마크	7.6
3위	노르웨이	7.554
4위	아이슬란드	7.494
5위	네덜란드	7.488
6위	스위스	7.48
7위	스웨덴	7.343
8위	뉴질랜드	7.37
9위	캐나다	7.278
10위	오스트리아	7.246
⋮		
54위	대한민국	5.895

표 1-2 세계행복지수. 출처: 〈2019 세계행복보고서〉(유엔 지속가능한발전해법네트워크SDSN)

"더 정확하게는 경제가 지금 규모를 유지해도 사회적인 분배가 더 잘 이루어지면 행복이 커질 수 있다는 거지. 전체적인 부가 늘어도 그 부를 소수의 사람들이 차지하면 모두가 그 효과를 누릴 수 없단 말이지."

"맞는 이야기이긴 한데 왠지 비현실적으로 들려."

"사상가 더글러스 러미스(C. Douglas Lummis)가 쓴《경제 성장이 안되면 우리는 풍요롭지 못할 것인가》(김종철·이반 옮김, 녹색평론사, 2002)라는 책이 있어. 그 책에서 러미스는 '타이타닉 현실주의'라는 말을 써. 우리는 지구라는 타이타닉호에 타고 있는데 이 배는 빙산을 향해 가고 있어. 빙산에 충돌한다는 안내 방송이 몇 번이나 나왔지만 사람들은 '또 그 얘기야?'라며 무시하지. 충돌하지 않을 거라 생각하는 거야. 하지만 결국 배는 빙산과 충돌해서 침몰하지."

"그런데 왜 현실주의야? 빙산과 충돌한다는 걸 알면서도 무시하면 그건 비현실적인 거 아냐?"

"네가 아까 그랬잖아. 탈성장은 원시사회로 돌아가는 게 아니냐고. 배의 방향을 돌리자고 주장하는 사람들은 이상주의자로 불리고, 지금 경로를 그대로 유지하려는 사람들은 현실주의자로 불리는."

"그럼 삼촌이 생각하는 현실은 뭔데?"

"한 가지만 물어보자. 경제는 성장하는데 왜 우리의 자유시간은 줄어들까? 옛날에는 공장이 기계화되고 인공지능과 로봇이 등장하면 인간은 놀고먹을 줄 알았단 말이지. 그런데 이상하게도 더 바빠. 잠도 더 많이 못 자."

"맞아, 우린 잠이 부족해. 2019년 고등학생의 평균 수면 시간이 6.1시간이래."

"그러니까. 한국인의 평균 수면 시간이 OECD 국가 중에서 거의 최하위래. 직장인의 평균 수면 시간도 고등학생처럼 거의 6시간이야."

"잠을 많이 자는 게 꼭 좋은 건 아니지만 많이 자야 건강한 거 아냐?"

"그러니까. 경제는 성장하는데 왜 잠도 제대로 못 자냐고. 잠만 그럴까? 우리는 여가시간에도 대부분 텔레비전이나 인터넷, SNS를 하잖아. 사실 그것도 따져 보면 기업들에게 정보

를 계속 제공하는 노동이야. 그걸 '그림자 노동'이라 부르는 사람도 있어. 대가를 받지도 못 하는 노동이라고. 그러니 경제가 성장해도 노동시간은 줄어들기는커녕 더 늘어나는 셈이지."

"와, 장난 아닌데. 그럼 어떻게 살지?"

"걱정하지 마. 앞으로는 경제가 이전처럼 급속도로 성장하기 어려울 거야."

"그건 또 무슨 저주야! 삼촌은 참 긍정적인 구석이 없어."

"너, 신문 안 보니? 코로나19로 세계 경제 대폭 마이너스 성장, 다보스의 경고: 기후 위기가 세계 경제 갉아먹는다, 제로 성장 시대가 온다, 이런 기사들이 계속 나왔는데."

"알지. 그런데 녹색 성장이라는 말도 있지 않아? 생태계 파괴를 최소화하면서도 경제를 성장시킬 수 있다며. 재활용산업이 늘어나면 그것도 성장이고."

"어우, 이 성장의 화신. 성장을 포기하지 않는구나."

"아니, 먹고는 살아야 할 것 아니야."

"그래, 녹색 성장이라는 말이 있지. 한국에는 '경제와 환경의 조화로운 발전을 위하여 저탄소 녹색 성장에 필요한 기반을 조성하고 녹색기술과 녹색산업을 새로운 성장 동력으로 활용함으로써 국민 경제의 발전을 도모하며 저탄소 사회 구현을 통하여 국민의 삶의 질을 높이고 국제사회에서 책임을 다하는 성숙한 선진 일류국가로 도약하는 데 이바지함을 목적으로 한다.'는 〈저탄소 녹색성장 기본법〉도 2010년 1월에 이미 제정되었어."

"와, 한국 선진국이네."

"그런데 문제는 이렇게 법은 제정되었지만 실제 녹색산업, 녹색경제를 육성하기 위한 지원보다 4대강 사업이나 토목사업에 더 많은 예산을 쓴 거지. 정말 녹색을 할 생각이었다면 한국에서 온실가스 배출량이 가장 많은 산업부터 조정을 했겠지. 어디게?"

"건설?"

"아니, 에너지 분야야. '온실가스종합정보센터'의 자료에 따르면, 온실가스 배출량의 80% 이상이 에너지 분야야. 2017년엔 86.8%에 이르렀어. 에너지 분야의 배출량을 줄이려면 전력 생산을 조절해야 하고 그러려면 전기요금을 좀 올려야겠지. 한국은 다른 나라에 비해 낮은 편이거든, 특히 산업용 전기는."

"한국의 전기요금이 다른 나라에 비해 싸?"

"싸지. '국제에너지기구'가 2019년에 발표한 자료에 따르면, 2018년 기준으로 덴마크는 한국보다 네 배 정도 전기요금이 비싸. OECD 28개국 중 한국보다 전기요금이 낮은 나라는 터키뿐이야. 미국, 핀란드, 영국, 일본보다도 낮아. 그러다 보니 1인당 전기 사용량은 일본, 프랑스, 독일보다 많아. 미국이나

캐나다보다는 적지만."

"그런 건 몰랐네. 전기요금은 다들 비슷한 줄 알았지. 근데 왜 싼 거야? 우리가 그런 나라들보다 잘사는 것도 아니고 석유가 생산되는 것도 아닌데…."

"원래 전력은 산업화의 기반이야. 전기가 있어야 공장과 사무실을 돌리지. 한국은 싼 전기요금으로 경제 성장을 독려한 거지."

"그러면 법은 왜 제정한 거야? 좀 멋져 보이려고?"

"문제의식은 있었지만 문제를 해결할 구체적인 방법을 찾지 않았던 거지. 정부 일이 실제로 진행되려면 사람을 배치하고 예산을 배정해야 하는데, 사람과 예산을 적게 배정한 거지. 그래서 한국의 온실가스 배출량은 매년 증가했고, 외국의 한 단체는 한국을 기후악당이라 부르기도 해."

"기후악당, 기분이 좀 그러네. 그럼 전기요금을 좀 올리면 되지 않아?"

"한국은 전기를 싸게 쓰는 데 너무 익숙해져서 그러기가 쉽지 않아. 또 가난한 사람들 입장에서는 전기, 수도, 이런 기본 요금이 오르면 부담스럽단 말이지. 물가도 덩달아 오를 것 같고. 물론 전체 전기 사용량에서 가정용 전기가 차지하는 비중은 14% 정도야. 산업용 전기요금의 조정이 더 큰 효과를 발휘하지."

"태양광이나 풍력 같은 재생에너지를 많이 쓰는 건 어때? 전력이 부족하다고 불을 안 켤 수는 없잖아."

"거참, 전력이 부족하면 아껴 쓰겠지 전등을 없애겠어? 자꾸 성장 아니면 원시, 이렇게 생각하지 말라니까."

"아참, 깐깐하게 따지시네. 핵심은 그게 아니잖아. 내 말은 다른 에너지원을 찾으면 계속 성장의 동력을 만들 수 있지 않냐 이거야."

"그래서 핵발전을 많이 얘기하긴 하지. 그런데 앞에서 얘기했던 똥 문제가 있단 말이지. 그보다 더 중요하게, 니코 페히(Niko Paech)라는 사람은 《성장으로부터의 해방》(고정희 옮김, 나무도시, 2015)이라는 책에서 이렇게 말해. '오늘날 소비사회의

구성원들은 세 가지 관점에서 분수에 넘치게 살고 있다. 우선 자신의 능력 이상의 물건을 소유한다. 이 물건들은 현재 지불할 수 있는 능력의 한계를 무시한다. 그다음 자신의 신체적 능력의 한계를 초월하며, 마지막으로 각자 속한 공간과 지역에 존재하는 자원의 한계를 넘어선다. 둘째, 기술적 혁신을 통해서 경제 성장과 환경 파괴를 서로 분리하려는, 즉 경제는 성장시키고 환경 파괴는 감소시키려는 시도는 실패할 것이 확실하다. 오히려 환경을 더욱 크게 훼손하는 결과를 초래할 수 있다. 셋째, 탈성장 경제라는 대안을 따른다면 어쩔 수 없이 산업 생산량을 대폭 축소해야 한다. 그러나 이는 공급의 경제적 안정성을 촉진할 것이며(회복탄력성), 포기가 아니라 오히려 행복감의 상승을 가져올 것이다.'"

"뭐야, 경제가 성장하지 않으면 오히려 행복할 거라고? 좀 이상한 사람 아냐?"

"이 사람이 이상한지, 세상이 이상한지는 좀 더 얘기를 나눠 본 뒤에 판단하자고."

∥∥∥∥∥∥∥∥ ∥ 탈성장은 한국에서 낯선 말이다. 경로를 따라 성장하는 것이 당연하게 여겨지는 한국에서 정해진 길에서 벗어난다는 건 생각조차 허용되지 않는 금기일지 모른다. 하물며 경제가 성장해야 국가가 강해지고 시민들이 잘살 수 있다는 생각은 한 번도 의심을 받아 본 적이 없다. 경제 성장 이데올로기라는 말이 있을 정도이니 성장은 무조건 좋은 것이다.

그래서 탈성장에 관해 생각하는 것은 어렵다. 이미 수십 년 전부터 생태계의 파괴와 지구의 위기를 이야기해 온 사람들이 있었지만 경제 성장이란 강력한 이데올로기 앞에서 힘을 쓰지 못했다. 그런데 이제 세상이 달라졌다. 경제가 계속 성장하리란 보장이 없고 경제 성장의 부산물처럼 여겨졌던 생태계의 위기는 여러 형태로 나타나기 시작했다. 그럼에도 여전히 경제 성장이 중요하고 위기이니 더 성장해야 한다고 얘기되기도 한다.

얼마나 더 가져야 우리에게서 경제 성장의 욕망이 사라질까? 삶의 규모가 커지는 만큼 가지고 싶은 것도 계속 늘어난다. 그리고 다른 사람이나 다른 나라와의 비교는 목적 없는 욕망을 키운다. 위기가 깊어져도 우리는 그 문제들을 애써 외면한다.

하지만 이젠 한번 물어봐야 한다. 과연 더 많이 가지는 것이 성장일까? 불로장생의 욕망이 헛된 꿈이듯, 그 어떤 형태의 성장과 발전도 무한정 지속될 수 없다. 사실 썩어 흙으로 돌아갈 수밖에 없는 것이 삶이라면, 필요 이상으로 가져야 할 이유는 없다. 더 많이 가지기 위해 끝없이 경쟁하기보다는 죽음을 기다리지 않고 죽어 갈 삶을 의미 있게 사는 것이 자기 삶의 발전 아닐까?

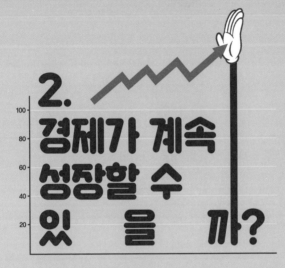

2. 경제가 계속 성장할 수 있 을 까?

"경제가 성장할 수 없다는 삼촌의 논리를 좀 더 구체적으로 말해 줘. 나는 사실 지금도 별로 신뢰가 안 가."

"너는 원래 내 말을 신뢰하지 않잖아."

"그럼 더, 더, 더 신뢰가 안 가니 이유를 좀 말해 줘. 궁금하면 오백 원, 이런 말은 유치하니까 하지 말고."

"음, 이젠 한 수 앞을 내다보는군. 역시 내가 조카를 잘 키웠어."

"됐고. 본론부터 말하라니까."

"이유야 많지. 핵심적인 것 몇 가지만 얘기해 줄게. 첫째, 지금 우리는 심각한 기후 위기를 겪고 있어. 남극과 북극의 빙하가 녹고 있는 건 알지? 바다는 산성화되고, 지구의 허파라 불리는 아마존 삼림과 시베리아는 불타고 있어. 정말 지구의 종말이 올지 몰라. 둘째, 산업혁명은 석탄과 석유라는 화석연료를 이용해서 가능했어. 핵심 에너지원인 석탄과 석유가 바닥을 드러내고 있어. 다른 자연자원도 마찬가지이고. 자원 없이 성장이 가능할까? 셋째, GNP가 늘어나면 경제가 성장하는 거라 생각했는데 그게 아니란 걸 깨달은 사람들이 늘어나고 있어. 삶의 질이나 환경, 행복, 이런 게 담겨야 진짜 경제라는 거지. 옛날처럼 무조건 성장해야 한다는 사람들이 줄어들고 있으니 점차 여론도 달라지겠지. 넷째, 이른바 4차 산업혁명이 새로운 성장 동력으로 떠오르지만 일자리는 줄어들 거란 말이지. 경제가 성장하려면 생산만이 아니라 소비가 뒷받침해 줘야 하는데 소비층이 줄어들어. 그럼 성장의 동력이 사라진단 말이지. 앞의 둘이 외부적인 성장 조건이 바뀌는 거라면 뒤의 둘은 성장에 대한 내부의 합의와 조건이 달라진다는 얘기야."

"아, 어렵네 어려워."

"그럼 좀 더 쉽게 하나씩 이야기해 볼까?"

"기후 위기가 어느 정도 심각한 거야?"

"이지유의 《기후 변화 쫌 아는 10대》를 보면 잘 나와 있는데."

"알았어. 있다가 찾아볼게. 지금은 말로 설명해 줘."

"'기후변화정부간협의체(IPCC)'라는 게 있어. 유엔이 1988년에 만든 조직으로 기후 변화와 관련된 의제들에 관한 보고서를 발간하고 있어. 2015년에는 한국인이 의장으로 당선되었고, 2018년 10월에는 한국 송도에서 회의가 열려 〈지구온난화 1.5℃ 특별보고서〉를 채택했어.

이 보고서는 전 세계의 과학자들이 지구의 평균온도 상승 폭을 1.5도로 제한하려면 온실가스의 양을 얼마나 줄여야 하는지를 다뤘어. '국제에너지기구(IAEA)'에 따르면, 2018년 전 세계의 이산화탄소 배출량은 2017년보다 1.7% 증가한 33.1Gt(기가톤)이야. 기후 위기의 심각성에도 이산화탄소 배출량은 줄어들기는커녕 더 늘어난 거지. 자연히 '세계기상기구(WMO)'에 따르면, 2019년 지구 평균온도는 14.9도로 2016년에 이어 두 번째로 높았어.

표 2-1 지구온난화 1.5℃와 2℃ 주요 영향 비교

구분	1.5℃	2℃	비고
고유 생태계 및 인간계	높은 위험	매우 높은 위험	–
중위도 폭염일 온도	3℃ 상승		
고위도 극한일 온도	4.5℃ 상승		
산호 소멸	70~90%		
기후영향·빈곤 취약 인구	2℃ 온난화에서 2050년까지 최대 수억 명 증가		
그 외	평균온도 상승(대부분의 지역), 극한 고온(거주 지역 대부분), 호우 및 가뭄 증가(일부 지역)		
육상 생태계	중간 위험	높은 위험	
서식지 절반 이상이 감소될 비율	곤충(6%), 식물(8%), 척추동물(4%)	곤충(18%), 식물(16%), 척추동물(8%)	2℃에서 2배 증가
다른 유형의 생태계로 전환되는 면적	6.5%	13.0%	2℃에서 2배 증가
대규모 특이 현상	중간 위험	중간에서 높은 위험	
해수면 상승	0.26~0.77m	0.03~0.93m	약 10㎝ 차이, 인구 1000만 명이 해수면 상승 위험에서 벗어남
북극 해빙 완전 소멸 빈도	100년에 한 번 (복원 가능)	10년에 한 번 (복원 어려움)	

※ 이 외에는 극한 기상, 해양 산성화, 생물 다양성, 보건, 곡물 수확량, 어획량, 경제 성장 등에 관련된 위험(리스크) 모두 1.5℃보다 2.0℃의 경우에서 높음(다만, 수치적으로 제시되어 있지는 않음).
출처: 〈IPCC 지구온난화 1.5℃ 특별보고서는 우리에게 무엇을 이야기하는가?〉 7쪽

그건 아니? 온난화는 육지보다 바다에서 2~3배 더 심각해. 그러니까 육지에 사는 우리가 심각성을 잘 모르는 것이기도 한데, 바다가 온실가스의 90% 이상을 흡수해. 문제는 '해양

2. 경제가 계속 성장할 수 있을까?

산성화'라고 하는데 이산화탄소 농도가 올라가서 산성화되면 바다가 더 이상 역할을 못 하고, 그러면 지구 온도는 더 빨리 상승할 수 있어.

〈지구온난화 1.5℃ 특별보고서〉는 1.5도 상승과 2도 상승을 비교하며 0.5도의 차이가 최대 수억 명의 인류에게 다른 영향을 미칠 것으로 봤어."

"고작 0.5도의 차이가 수억 명에게 영향을?"

"이게 지구의 평균온도이기 때문에 그 0.5도 차이가 해수면 상승과 가뭄, 홍수, 태풍 등에 엄청난 영향을 미쳐. 그리고 이런 자연재해는 농작물이나 동물, 사람의 건강에도 영향을 미치겠지. 그래서 '기후난민' 이야기도 벌써 나오고 있어. 자연재해로 살 곳을 잃은 사람들의 수가 점점 늘어나는 거지."

"그럼 어떻게 해야 하는 거야?"

"〈지구온난화 1.5℃ 특별보고서〉는 앞으로 20년 동안 인류가 전례 없는 수준으로 온실가스 배출량을 줄이고 2050년까지 온실가스 순배출 제로 상태로 가야 한다고 얘기해. 대안이 없는 건 아니고 '지속가능한 발전 목표(Sustainable Development Goals)'를 세워야 한다고 얘기하지. 지금처럼 성장 중심의 경제가 아니라 지속가능성을 중심으로 정치·사회·경제 모델을 새로 짜는 거야."

"거기는 '발전'이란 단어를 쓰네."

"발전이란 말을 쓰고는 있지만 기존의 양적 성장이 아니라 질적인 발전에 가까워. 〈지구온난화 1.5℃ 특별보고서〉는 2도 또는 1.5도의 지구온난화와 빈곤 퇴치, 불평등 감소 등이 연결되어 있다고 봐. 빈곤을 퇴치하고 국내외의 불평등을 줄이려는 노력이 있어야 양적인 성장을 고집하는 사람들을 설득할 수 있다는 거지. 예를 들어, 미국이나 유럽 같은 선진국들이 온실가스를 대량으로 배출하며 지구온난화를 주도했는데, 이제 막 산업화를 하려는 제3세계 국가들은 그럴 기회를 갖지 못해. 그러면 불만이 생기겠지. 그러니까 기존 경로의 문제점인 불평등을 바로잡으면서 새로운 길을 찾자는 거지."

"그래도 계속 성장할 가능성은 있다는 거네."

"쉽지 않아. 호주국립기후복원센터는 이 〈지구온난화 1.5℃ 특별보고서〉를 비판하면서 지금처럼 인류가 별로 변하지 않는 모습을 보인다면 2050년이 아니라 2030년에 1.5도까지 평균온도가 올라가고 2050년이 되면 2도를 훌쩍 넘어설 것이라고 예상해. 그 결과도 더 끔찍해. 2050년에는 지구 육지의 35%, 지구 인구의 55%가 생존을 위협하는 태양광에 1

년 중 20일 이상 노출될 거라고."

"그럼 우리는 어떻게 살아야 하는 거야?"

"2050년이 온다고 지구가 바로 멸망하는 건 아니겠지. 다만 자연재난에 취약한 사람들과 그렇지 않은 사람들, 건강한 사

람들과 그렇지 않은 사람들이 매우 다른 삶을 살겠지. 코로나
19도 그렇잖아. 많은 사람이 피해를 입었지만 특히 약자인 저
소득층과 일용직, 임시직 노동자들이 더 많은 피해를 입었어.
불평등한 거지."

"살아남을 준비를 열심히 해야 하는 건가?"

"혼자 살아남을 수 있겠어? 설령 혼자 살아남더라도 계속
살아갈 수 있을까. 지금부터 바꾸지 않으면 미래는 없어."

2. 경제가 계속 성장할 수 있을까?

"아, 우울하다, 우울해."

"청소년, 잠깐. 아직 남았어."

▐▌▌ 자연은 미래세대에게 빌려온 것인데, 이미 다 써 간다

"싫어, 더 이상 안 들을래."

"안 듣는다고 피해 갈 순 없어. 혹시 '피크 오일'이라고 들어 봤어?"

"피크는 최고에 도달하다는 뜻이니 기름이 최고조에 이르렀다, 뭔 말이지?"

"맞아. 원유 생산량이 최고조에 달했다가 빠른 속도로 감소한다는 이야기야. 최고치를 찍었으니 늘어날 일이 없겠지. 과학자들마다 의견이 조금씩 다르긴 한데, 최고치를 찍을 때가 대략 2020년이라고 얘기해. 요즘은 원유 외에 점토나 모래에 함유된 원유를 캐는 오일샌드나 석탄과 천연가스를 혼합한 석탄액화연료 같은 비전통석유를 계산에 포함해 피크 오일이 한참 뒤의 이야기일 거라고 말하기도 하지만."

"음, 그럼 내가 죽고 난 뒤에 도달할 수도 있겠네."

"그렇지만 고갈된다는 점에는 이견이 없어. 정치학자 티머

시 미첼(Timothy Mitchell)은 《탄소 민주주의》(에너지기후정책연구소 옮김, 생각비행, 2017)에서 이렇게 말해. '인류는 1860년대에 현대적 석유산업이 등장한 이래로 약 2조 배럴의 석유를 소비했다. 처음 1조 배럴을 태우는 데 약 130년이 걸렸고, 그다음 1조 배럴을 태우는 데는 겨우 22년이 걸렸다.' 이렇게 빨리 소모되는 화석연료가 퇴적되어 더 만들어지려면 어마어마하게 긴 시간이 필요하단 말이야. 수요는 느는데 생산은 불가능해. 석유 없이 경제가 성장할 수 있을까?"

"정말 빨리 석유를 사용했네. 석유가 다 떨어지면 무슨 일이 벌어질까?"

"지금과는 좀 다르긴 하지만 1973년에 한국에서 '1차 석유파동'이 있었어. 이스라엘과 아랍 국가들이 전쟁을 벌이면서 원유 가격이 3배나 올랐거든. 어떤 일이 벌어졌을까? 텔레비전 아침 방송이 전면 중단되고, 밤거리 네온사인이 사라졌어. 물가상승률은 연 25%, 석유를 사려고 석유통을 들고 주유소에 줄을 섰고, 화장지·비누 같은 생필품이 사라졌어. 승용차의 공휴일 운행도 금지됐고 학교 방학은 길어졌지."

"방학이 길어지는 건 좋은데."

"당연히 그런 생각 할 줄 알았어. 바닥을 드러내는 건 원유

만이 아니야. 우리가 천연자원이라 부르는 자연자원도 고갈되고 있어. 자연은 무한한 게 아니란 말이지. 그래서 예전에는 자연을 인류를 위한 선물이라 했다면 지금은 미래세대에게 빌려 쓰는 거라고 하지."

"빌려 쓰면 고마운 줄 알고 어떻게 갚을 건지 고민을 좀 해야 하는 거 아냐? 그런데 청소년들이 기후 위기를 알리는 캠페인을 하면 예전 보릿고개 때는 어땠다, 배부른 소리 한다, 뭐 이런 반응이라던데."

"그러니 문제지. '라떼는 말이야'라는 반응들이나 하고 있으니. 힘들고 어려운 시기를 잘 넘긴 건 그거대로 인정받을 만해. 하지만 제대로 못 한 건 지적을 받아야 하는데 말이지. 사실 앞에서 얘기한 핵폐기물만이 아니야. 한국은 쓰레기 시멘트로 지은 아파트에, 비닐과 플라스틱은 넘쳐 나고, 1인당 플라스틱 소비량이 세계 1위인 나라에, 불법 투기 폐기물 야적장이 확인된 곳만 181곳이야. 말 그대로 쓰레기 산이지. 이걸 어떻게 하나 심히 걱정돼."

"책임질 생각은 안 하고 쓰레기만 내놓는 거야? 대책을 강구해야 할 것 아니야. 지난번에 뉴스 봤는데 쓰레기 산은 정말 과장이 아니라 산이던데. 불법이라면서 어떻

게 그게 산이 될 때까지 방치한 거야?"

"말을 마라. 요즘은 눈에 안 띄게 문 닫은 공장 안에다가 버리더라."

"신문기사 보니 아파트 짓고 남은 자재를 그냥 벽에다 넣고 밀봉하기도 했더라고. 눈에만 안 보이면 되는 건가. 대체 왜 그렇게 일을 하는 거야!"

"빨리 일을 끝내는 게 이익이니까. 폐기물을 처리하는 데도 돈이 들고. 이런 상황에서도 성장하려면 계속 무언가를 부수고 만들어야 할 텐데. 그런데도 정말 성장이 필요할까?"

"앗, 또 이렇게 훅 치고 들어오면…. 근데 나 진짜 진지하게 물어보고 싶은 게 있어. 예전에 간디도 그랬다며. 이렇게 살면 지구가 몇 개가 필요한 거냐고."

"뭐, 간디가 직접 그렇게 말한 건지는 모르겠으나 중요한 질문이지. 지금의 소비 규모로는 지구가 세 개 있어도 모자란다고 하니까. 마구 쓰고 버리는 경제, 대량생산 대량소비 시스템은 더는 유지되기 어려워."

"그러니까. 영화를 보면 인간을 메뚜기 떼에 비유하기도 하더라. 자원을 다 약탈하고 이동하는."

"그러니 성장할 수 있냐, 없냐라는 질문보다 더 중요한 건

'어떤 성장인가?'야. 인간과 자연을 갈아 넣어서 성장하는 건지 아니면 필요한 만큼 성장하는 건지. 지금까지는 무조건 성장해야만 한다고 믿어 왔으니까."

"그러게. 이런 해결책이 있다는 것보다는 질문이 중요하네."

"오, 또 똑똑해졌어. 역시 누구와 함께 대화하는지가 참 중요하다니까!"

GNP가늘어나니 사회적인비용도 늘어난다

"지구가 위기이고 자원이 부족하니 경제 성장이 어렵다는 건 이해하겠어. 그런데 경제가 성장해도 삶이 나아지지 않으니 성장을 포기한다는 건 무슨 소리야? 대충 무슨 말인지는 알겠는데 이해가 안 가서."

"GNP가 뭔지는 알지?"

"국민총생산. 1년 동안 국민들이 생산한 재화와 서비스의 가치를 모두 합한 거 아냐. 국내와 국외 모두 합쳐서. 한국 기업이 외국에서 생산한 것도 포함돼."

"오, 똑똑한데. GNP는 가치를 생산하면 무조건 늘어나. 뭘 생산하든 상관없이 늘어나니 무조건 생산하는 거지. 예를 들어 무기를 생산해도 GNP는 늘어나고, 사람들의 멘탈이 깨져서 정신과 치료를 자주 받아도 GNP는 늘어나. 자주 다쳐서 병원에 가도 GNP는 늘어나고."

"그러니까 GNP에는 윤리적인 가치란 없는 거군. 인간과 생명에게 좋은 건지 나쁜 건지 따지지 않는."

"그렇지. 경제 성장이란 게 인간을 위해서라고 말하지만 사실은 인간을 해치기도 한단 말이지. 성장을 위해 밤낮 구별 없이 공장이나 사무실을 가동하면 사람들의 건강은 얼마나 나빠지겠어."

"그러게. 건강이 나빠져서 약을 먹거나 병원에 가면 GNP는 또 오르고. 나 아토피가 심해서 엄마, 아빠가 서울을 떠나온 거잖아. 환경이 나빠져서 약을 먹는 건데, 그 약을 만들고 팔면 또 GNP가 올라가겠군."

"똑똑한데. 또 하나, GNP는 자연 생태계의 가치를 계산하지 않아. 산림을 파괴해서 물건을 생산하면 GNP가 늘어나지만 산림을 보존하면 GNP는 늘어나지 않아."

"꽃 심고 나무 심고 하면 일자리가 늘어나지 않을까?"

"아, 그렇게 사람들을 고용하면 GNP가 늘어나지. 내가 말한 건 산이나 강을 그대로 가만히 두는 거야. 아무런 손도 대지 않고. 성장을 하려면 자연에 손을 대야 하고 그러면 GNP가 올라가지만 자연은 파괴되지. 숲이나 강을 파괴하는 데는 1년이 안 걸리지만 그것을 복원하려면 수십 년이 걸려. 당연히 비용도 엄청나게 많이 들지."

"그럼 자연 복원도 사업으로 하면 GNP가 늘어나겠네."

"그렇지. 그렇게 하다 보면 세상 모든 게 다 화폐 가치로만 판단되겠지. 돈을 버는 데 쓸모가 있는지 없는지. 그렇게 살면 행복할까?"

"행복이라니, 그런 사치스러운 단어를 여기에 붙이다니. 그냥 사는 거지."

"세상에 그냥 사는 삶은 없단다. 너무 바쁘게 살아가다 보니 뭐가 중요한지 고민할 시간이 없을 뿐이지."

"뭐가 중요한지 고민하면 삶이 바뀌나?

"고민이 생기는 것 자체가 이미 변화가 시작된 거지. 그래야 세상이 바뀌는 거니까. 지금 이런 얘기도 그동안 꾸준히 문제를 제기했던 사람들이 있었으니 가능한 거야."

"언제부터 이런 얘기가 있었어?"

"'로마 클럽'이라는 국제단체가 있어. 이 단체가 1972년에

〈성장의 한계〉라는 보고서를 내. 이 보고서는 지금과 같은 속도로 세계 인구와 산업화, 오염, 식량 생산, 자원 약탈이 계속되면 지구는 100년 안에 성장의 한계에 도달할 것이라고 예측해. 2072년 안에 엄청난 위기에 직면할 거란 얘기지. 아까 얘기했던 〈지구온난화 1.5℃ 특별보고서〉를 생각해 봐. 이 예측이 들어맞은 셈이지."

"아니, 이런 예측이 나왔는데도 그동안 왜 아무런 대비를 하지 않은 거야?"

"그 대비란 게 단순하지만 매우 어렵잖아. 성장을 멈춰야 한다는 거니까."

"딜레마네, 딜레마야."

"결국 경제 성장이 실제로는 우리의 살림살이를 파괴하는 독이 될 수도 있다는 이런 진실을 사람들이 알면 예전처럼 무조건 성장해야 한다고 말하지는 않겠지."

4차 산업이 경제를 성장시킬까

"그런데 생태계를 더 파괴하지 않아도 4차 산업이 경제를 더 성장시킬 수 있는 거 아닌가? 온라인 세계는 오프라인에

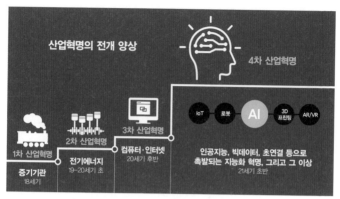

표 2-2 4차 산업혁명이란 무엇일까? 4차산업혁명위원회 자료 참조.

영향을 주지 않으면서도 경제활동을 할 수 있잖아. 유튜브나 아프리카TV 같은 플랫폼들은 자연에 나쁜 영향을 주지 않고 말이야."

"그렇게 보이긴 하지. 하지만 온라인 세계도 그 세계가 유지되려면 자원이 필요해. 가장 단순하게 살펴보자면, 전기는 어떻게 만들어질까? 태양열이나 풍력 같은 재생에너지도 있지만 주로 화석연료를 태워서 전기를 생산하지. 그리고 온라인도 작동되려면 많은 사람의 노동이 필요해. 화면에 보이지 않는 수많은 노동이 존재한다고. 플랫폼 노동이라는 말 들어 봤니?"

"들어는 봤지. 음식을 배달하거나 자동차를 대신 운전해 주는 사람들을 말하는 거잖아."

"맞아. O2O, Online to Offline이라고 온라인과 오프라인을 이어 주는 노동이야. P2P, Person to Person이라고도 하지. 시간이 흐를수록 플랫폼 노동자들이 늘어나고 있어. 배달을 넘어 가사도우미, 청소 등으로 영역도 확장되고. 문제는 회사에 고용되어 일하지만 이들은 자영업자로 분류되어 있어. 그러니 사고로 다치거나 일감이 없어 일을 쉴 때 아무런 보장을 받지 못하는 문제가 생기지."

"그래도 자동화 덕분에 사람 손이 덜 필요한 거 아냐? 그렇게 인건비를 줄이고 생산량을 늘리면 경제가 성장하는 거 아닌가?"

"반대의 관점에서 생각해 봐. 자유롭다고 하지만 일감이 있어야만 일을 할 수 있으니 생계가 불안정해. 그리고 플랫폼 노동이 늘어나는 영역을 봐. 대부분 저임금 노동이야. 불안정한 저임금 노동에 단기적인 일자리가 많지. 그래서 플랫폼 노동을 긱노동(gig work), 단기적인 일자리라 부르기도 해.

그리고 생산만 하면 소비가 된다니? 누군가가 상품이나 서비스를 구매해야지 생산비용을 회수할 수 있는데 살 사람이 없다면? 유튜브 크리에이터나 BJ도 누군가가 '구독'과 '좋아요'를 눌러야 돈을 버는 거잖아."

"한국에서 못 팔면 다른 나라에서 팔 수 있지 않을까? 유튜브나 SNS는 전 세계로 이어져 있잖아."

"그럴 수도 있지. 대부분 '구독', '좋아요'에 집착하게 되는 건 광고 때문이잖아. 온라인이라도 실물경제가 받쳐 줘야 활성화되겠지. 경제의 세계화라고 하지만 그게 실제로 작동하려면 물류 비용이나 운송 기간, 뭐 이런 게 맞아야 해. 지금 코로나19 상황에서 보듯이 사람과 상품의 자유로운 이동이 쉽지 않을 수도 있고.

또한 자동화가 굉장히 멋있어 보이긴 한데, 경제는 생산과 소비가 연동되어 있단 말이지. 노동으로 소득을 얻는 사람들이 줄어들면 그만큼 소비자도 줄어드는 셈이지."

"그러면 이번처럼 정부가 재난지원금 이런 걸 나눠 줘서 소비를 지원할 수 있는 거 아닌가?"

"그럴 수도 있지. 상황에 따라 바우처나 기본소득을 줄 수도 있고 말이야. 그런데 또 그렇게 생산량을 늘리면 더 많은 자원을 소모할 수밖에 없지."

"삼촌, 경제가 성장하지 않아도 살 수 있다는 걸 사람들에게 어떻게 설득할 수 있을까? 자연 생태계의 보존이 중요하다는 건 알지만 '지금 당장 먹고사는 문제가 먼저지' 이런 생각이 강하잖아. 신문을 보니 인간이 농사를 짓기 위해 아마존의 숲을 태우고 있다며."

"그게 참 어려운 거지. 그래서 나는 미래에 닥칠 위험을 강조하는 것보다 지금의 상황을 직시하는 게 더 중요하다고 생각해."

"무슨 소리야?"

"미래에 더 행복해지기 위해, 더 편리하고 부유한 삶을 위해 성장해야 한다고 말하는데, 그게 정말 중요할까? 지금 우리가 가진 것으로 행복을 느끼며 살아갈 순 없을까? 너 학교에서 성장 이외에 다른 삶에 관해 얘기를 들어 본 적 있어?"

"아니. 사실 우린 입시 때문에 경제 성장에 신경 쓸 여유도 없어. 그냥 성장해야 한다고 하니까 성장해야 하는구나 싶은 거지. 그런데 정말 다른 전망 같은 게 있어?"

"프랑스의 세르주 라투슈(Serge Latouche)라는 경제학자가

2006년에 이미 탈성장과 생태민주주의를 위한 10단계 정치 프로그램을 제시했어.

첫째, 경제를 우리가 사는 지구의 면적보다 더 넓지 않은 생태 발자국의 크기로 되돌리기.

둘째, 운송으로 발생한 환경 파괴를 비용으로 보여 주기.

셋째, 산업 생산과 농업 생산을 지역 중심으로 재조직하기.

넷째, 소농경작을 되살리기.

다섯째, 증대하는 노동 생산성을 노동시간 단축과 일자리 창출로 전환하기.

여섯째, 지식이나 친교와 같은 이른바 관계적인 재화의 생산을 장려하기.

일곱째, 쓰레기 줄이기.

여덟째, 광고 지출을 비판하고 세금 물리기.

아홉째, 과학적·기술적 혁신을 정지 기간(Moratorium)을 두어 제어하기.

열째, 은행 업무와 금융거래를 엄격하게 규제하거나 세금을 물리고 지역 화폐를 장려하기."

"우아, 제법 자세하게 제시되어 있네. 그런데 신기하다. 광고에 세금 물리기도 있네."

"광고가 불필요한 소비를 부추기니까 거기에 적당한 책임을 지도록 하는 거지."

"10가지 프로그램이 있다는 얘기를 들으니 탈성장이 완전히 추상적인 이야기는 아닌 것 같네."

"대안은 이미 구체적으로 제시되었고 이미 실현 중인 것도 있어. 우리가 그걸 알아채지 못했을 뿐이지."

경제가 계속 성장할 수 없다는 점은 대부분의 학자들이 동의하는 바다. 코로나19 사태가 벌어지지 않았어도 세계 경제의 성장률은 정체 상태였고, 지금은 대부분 마이너스 성장으로 돌아섰다. 그래도 우리는 계속 성장할 수 있다고 보는 쪽과 저성장, 제로 성장을 전제하고 다른 길을 찾아야 한다는 쪽으로 갈라질 뿐 경제가 무한 성장하리라고 보는 사람은 거의 없다.

더 성장해야 한다는 쪽은 지금의 어려움을 극복할 수 있다고 보지만 생태계의 파괴, 에너지와 자원의 고갈, 부의 집중과 사회의 양극화와 같은 어려운 과제들을 해결해야 한다. 대량생산, 대량소비라는 기존의 방식으로는 이런 과제들을 더이상 해결할 수 없다. 반면에 다른 길을 찾아야 한다는 쪽은 그에 필요한 여론과 정치·경제적인 힘을 조직하지 못하고 있다. 그런 점에서 라투슈의 제안은 그 힘을 조직할 가능성을 높여 준다.

라투슈의 10단계 프로그램은 세계화된 경제의 규모를 줄여 온실가스나 에너지의 소모를 줄이고, 지역을 중심으로 농업과 산업을 재조직하며, 노동시간을 줄이고 사회적인 관계망을 넓혀서 더 행복한 삶이 가능하다고 본다. 이런 과정에서 불필요한 쓰레기나 소비를 조장하는 광고와 투기적인 금융거래를 줄이고, 사회적인 검토가 끝날 때까지 혁신을 조절하면 효율적이고 효과적인 자원 배분이 가능하다. 탈성장은 원시로의 회귀가 아니라 이런 프로그램을 실현하는 사회로의 지향이다.

3.
그 많던 부는
다 어디로
갔   을   까?

"삼촌, 김종철이라는 분 알아?"

"알지. 《녹색평론》이라고, 1991년에 만들어져 지금도 발간되는 격월간지야. 녹색평론사라는 출판사도 운영하셨는데 2020년 6월에 세상을 떠나셨어. 근데 왜?"

"그분이 한국의 대표적인 생태주의 사상가라고 하던데. 그럼 그분도 탈성장을 이야기하셨겠네."

"마지막으로 남기신 책이 《근대문명에서 생태문명으로》(녹색평론사, 2019)인데 그 책에서 이렇게 말하지. '건강한 경제가 유지되자면 몇 가지 필수적인 조건들이 갖춰져야 하지만 그중에서 가장 중요한 것은 생산력의 크기나 경제 규모나 1인당 국민소득 따위가 아니라 생산과 소비의 균형이다. 그리하여

생산·유통·소비 과정이 사이클을 그리면서 원활하게 돌아갈 때 경제는 안정성을 유지하고 사회는 평화로워질 수 있다.' 그러면서 돈을 버는 것보다 돈을 쓰는 게 더 중요하다고 말하지."

"뭐야. 돈을 쓰고 싶어도 돈이 있어야 쓰지."

"그러니까 쓸 돈을 마련하는 게 중요하다는 거지. 생각해 봐. 세계 경제는 매년 성장을 거듭해 왔는데 왜 모두가 잘사는 시대는 오지 않는 걸까? 과거에 비하면 생산력은 엄청나게 발전했는데 말이야."

"맞아. 국민소득 몇천 달러에서 지금은 국민소득 3만 달러라는데 왜 사는 건 더 어려워졌다고 하지?"

"더 잘살기 위해 성장해야 한다고 했지만 실제로는 그 성장의 혜택이 골고루 사회에 퍼지지 않으니까. 그래서 결핍을 채우기 위해 더 성장해야 한다고, 그러려면 일정한 희생을 감수해야 한다고 말하는 거지."

"어른들이 학생들한테 나중에 대학 가서 놀라는 거랑 비슷하군. 대학 가면 취직하고 나서 놀라고 할 거면서."

"비슷하지. 그런 의미에서 탈성장은 못살기 위한 방법이 아니라 더 잘살기 위한 방법이야. 더 성장하지 않고 지금의 상태로도 충분히 잘살 수 있다는 거지."

▋▍▍ 부를 세습하는 사회는 위험하다

"정말 성장하지 않아도 나눌 만큼 여유가 있는 거야?"

"프랑스에 토마 피케티(Thomas Piketty)라는 경제학자가 있어. '부의 재분배'를 연구하는 학자인데, 《21세기 자본》(장경덕 옮김, 글항아리, 2015)이라는 책에서 경제 성장과 더불어 부의 격차가 점점 더 벌어지고 있다고 주장해."

"선진국이 후진국의 부를 빼앗고, 전 세계 1%의 부자가 절반 이상의 부를 독차지한다, 뭐 이런 얘기는 옛날부터 있었던 거 아냐?"

"맞아. 그런데 그런 이야기를 자료에 근거해 설명한 거지. 피케티의 분석에 따르면, 건물이나 주식 같은 자본에서 발생하는 수익인 자본 수익률이 경제 성장률보다 더 높다는 거야. 옛날에도 그랬고 지금도 그렇고. 그러면 어떻게 돼? 자산을 가진 사람들이 이득을 보니 부가 점점 더 집중되고 불평등해지겠지? 그러면 성장이 무슨 소용이겠어. 부자만 더 부유해지는데.

노동소득과 자본소득을 합친 걸 총소득이라고 하는데, 미
국의 경우 2010년에 상위 10%가 총소득의 50%를 가져가. 유

럽의 경우도 2010년에 상위 10%가 총소득의 35%를 가져가.
자본소득만 비교하면 2010년 기준으로 미국의 상위 10%가
70%를, 유럽의 상위 10%가 60%를 가져가. 반면에 하위 50%
는 미국과 유럽 모두 자본소득의 5%만 가져가.

이런 상황에서 성장이 우리 같은 사람들에게 무슨 의미가
있겠어. 성장하면 부가 자동적으로 분배되는 게 아니라 부의
격차가 벌어지고 부모의 부가 자식들에게 세습되는데."

"맞아. 금수저, 흙수저, 부모의 신분이 자식의 미래를 결정
하지. 우리 집은 흙수저겠지?"

"그걸 '수저계급론'이라고 하는데, 너희 집이 흙수저인지는
잘 모르겠다. 금수저가 아닌 건 확실한데. 어쨌거나 부가 독

점되는 것도 문제이고 세습되는 건 더 문제이지. 그러면 '기회 균등'이나 '공정' 같은 건 애초에 불가능하니까."

"맞아, 공부해서 뭐해? 어차피 '빽' 있고 돈 있는 사람들이 좋은 대학, 좋은 일자리를 다 차지할 건데."

"야, 솔직히 말해 너는 그냥 공부하기 싫은 거잖아. 어쨌거나 부의 불평등은 정말 문제라는 거지. 부가 세습되는 사회는 정말 위험하거든. 이런 불평등한 질서를 유지하기 위해 결국은 기득권층이 폭력을 쓸 수밖에 없고, 아니면 일반적인 방법으로는 사회가 변하지 않으니까 사람들이 폭력적인 혁명을 일으키게 되니까."

"그럼 대안은 뭐야? 전 세계적으로 이미 부가 불평등하다면 방법을 찾기가 정말 어렵겠어."

"피케티는 누진적 소득세, 그러니까 소득이 많은 사람에게 더 많은 세금을 걷거나 상속세를 늘려서 복지제도를 강화해야 한다고 주장해. 그리고 누진세를 전 세계로 확대해서 글로벌 자본세(global capital tax)를 제안하지."

"글로벌 자본세? 어렵다."

"쉽게 얘기하면 전 세계적으로 동일하게 누진세를 적용하자는 거야. 너 조세 회피처라고 들어 봤어? 조세 피난처라고도 하는데."

"들어 본 것 같아. 세금을 적게 내는 곳으로 회사를 옮기는, 뭐 그런 거 아닌가?"

"그렇지. 회사를 세금이 적은 나라로 옮기는 편법이지. 회사를 옮기는 게 법으로 금지된 건 아니니까. 2013년 〈뉴스타파〉의 보도에 따르면, 세계적으로 유명한 조세 회피처 60곳에 국내 대기업 34개가 165개의 현지 법인을 두고 있다고 해. 그리고 더불어민주당 심기준 의원실이 2019년 10월에 발표한 자료에 따르면, 2014년부터 2018년까지 5년 동안 국내에 거주하는 개인과 법인이 해외 조세 회피처로 송금한 금액은 7602억 달러, 847조 8282억 원이나 돼."

"뭐라고! 한국의 1년 정부 예산보다도 훨씬 많잖아. 고통을 분담하자더니 그렇게 해외로 돈을 빼돌린 거야?"

"페이퍼 컴퍼니라고 일종의 위장 회사를 만들어 거기로 자금을 빼돌리면 그건 불법이야. 대기업들도 불법을 저지르는 거지. 그래서 피케티는 전 세계적으로 동일하게 세금을 걷자는 거야. 그래야 부의 불평등이 끝없이 증가하는 걸 막을 수 있고 금융위기도 피할 수 있다는 거지."

"그러려면 일단 누가 얼마나 가지고 있는지부터 밝혀져야 하는 거 아냐?"

"오, 똑똑해. 맞아. 그것부터가 큰 시작이지. '지하자금', '비자금', 이런 말이 널리 쓰이는 한국에선 투명한 과세 체계를 만드는 것부터가 큰일이지."

"부자들은 별로 좋아하지 않겠어."

"네가 부자는 아니잖아. 신경 쓰지 마. 그리고 장기적으로 생각하면 부자들에게도 좋을 수 있어. 좋은 사회가 만들어지면 모두에게 좋은 거니까. 사회의 위험도 줄어들고."

"하기야, 돈 쌓아 놓고 살면 불안할 것 같긴 해."

"쌓아 놓을 돈 좀 벌어 와라."

"어머! 성장하지 않는 삶을 살자며. 너무 뻔뻔한 거 아님?"

▊▊▊조물주 위에 건물주? 한국 사회의 민낯

"몇몇 사람들은 한국의 경우엔 자본 수익률이 경제 성장률보다 높지 않기에 피케티의 주장이 맞지 않다고도 해."

"그럼 한국의 불평등이 다른 나라들보다 적은 거야?"

"그럴 리가 있겠니? 한국의 경우 자영업자 비율이 높고 그동안 다른 나라에 비해 경제 성장률이 높았기에 상대적으로 자본 수익률이 낮아 보인 거지."

"한국의 불평등은 어느 정도야?"

"보통 부의 불평등을 소득 불평등과 자산 불평등으로 나눠. 한국은 둘 다 심각한데, 특히 자산 불평등이 심각해. 자산은 여러 가지가 있지만 대표적인 게 부동산이지."

"역시 조물주 위에 건물주인가?"

"너는 또 어디서 그런 말을 배워 가지고. 김낙년(동국대학교 경제학과) 교수는 경제가 성장하는 시기에는 청년층이 자산을 늘릴 수 있지만 고령화가 본격적으로 시작되고 저성장이 장기화되는 추세에는 상속으로 인한 불평등이 심화될 것이라고 봐. 김낙년 교수는 상속이나 증여가 전체 자산 형성에 기여한 비중(이전자산 비중)이 한국의 경우 1970~1980년대 20%대였다가 2000년대에 42%를 넘어섰다고 지적해. 영국이나 프랑스에 비하면 한국의 비중이 지금은 높지 않지만 1990년대를 지나면서 증가 속도가 빨라졌고, 추세가 지속될 전망이라 다른 국가를 추월할 수 있다고 해. 상속의 중요성이 커지는 만큼 신분질서는 강해지는 거지."

"그럼 옛날의 귀족사회로 돌아가는 건가? 성골, 진골, 육두품, 평민, 천민, 이렇게?"

"그런 사회가 오지 않도록 해야지. 박기백(서울시립대학교 세무학과) 교수도 노동소득과 자본소득을 비교할 때 노동소득은 늘어나도 소득분배를 악화시킬 가능성이 적지만, 자본소득은 그럴 가능성이 크다고 말해. 즉, 같은 비중으로 소득이 증가해도 노동소득보다 자본소득이 소득분배에 나쁜 영향을 미친다는 거지."

"그렇다면 자산의 불평등을 바로잡아야 하는 거 아냐?"

"그게 쉽지 않아. 누진세를 매긴다 해도 자산의 격차가 너무 크게 벌어져 있으면 한 번에 바로잡기 어려우니까. 그렇다고 자산을 몰수할 수도 없고. 그래서 피케티는 '기본자산'을 주장해."

"기본자산? 그건 뭐야?"

"누구나 만 25세가 되면 기본자산을 제공받는 거지. 출발선이 불공평하지 않게. 피케티는 프랑스의 경우 12만 유로를 주자고 제안해. 한국 돈으로 약 1억 6000만 원."

"와, 대박. 1억 6000만 원을 그냥 받는다는 거야?"

"그렇지. 묻지도 따지지도 않고 그냥 모두에게 주는 거야. 정의당도 2020년 총선에서 청년기초자산제를 제안했어. 만 20세가 되는 청년 모두에게 3000만 원을 주자는 거지."

"와, 3000만 원. 너무 좋은데. 그런데 정부가 그런 돈을 계속 마련할 수 있어?"

"자산이 많은 사람에게 세금을 잘 걷으면 되니까. 자산이 적은 사람은 그 돈을 잘 쓰면 되고, 자산이 많은 사람은 기본 자산을 받은 만큼 자산이 늘어나니 세금을 더 내고. 아직 해보지 않았으니 부작용이 있을 수는 있지만 이론적으로는 그렇다는 거야. 너는 스무 살에 3000만 원을 받으면 뭘 하고 싶니?"

"쉽지 않은 질문이야. 대학을 가건 안 가건 상관없으니 뭔가 내가 하고 싶은 일을 준비하는 데 쓰고 싶어. 대학에 간다면 학비로, 가지 않는다면 기술이나 경험을 쌓을 비용으로?"

"음, 삼촌 때는 돈 생기면 유흥비로 탕진했는데, 역시 너는 훌륭하구나."

"그야, 우리 세대는 삼촌처럼 경기가 좋을 때 태어나지 않았으니까."

"너 재미있으라고 한 말이지 내가 실제로 그랬겠니? 자산 격차도 문제지만 한국에서는 소득 격차도 여전히 문제야. 2019년 10월에 심기준 의원실이 국세청 자료를 분석한 결과를 보면, 2017년 총급여 기준으로 근로소득 상위 1%인 18만

55명의 1인당 평균소득은 2억 6417만 원이야. 반면에 하위 10% 근로소득자의 평균소득은 243만 원이야."

"헉! 그럼 상위 1%와 하위 10%의 소득격차가 무려 2억 6174만 원. 이게 말이 돼?"

"격차는 어쩔 수 없다 하더라도 너무 심하지. 상위 10%를 끊어서 2017년 총소득을 합치면 266조 4871억 원으로, 전체 총액 721조 3616억 원의 36.9%를 차지해. 그러니 상위 10%가 37%를 차지하고, 나머지 90%가 63%를 차지하는 거지."

"정말 10 대 90의 사회네. 90%는 어떻게 살아야 하는 거야?"

"원래 이런 불균형을 바로잡는 게 정치의 몫인데 한국은 그동안 정치가 제 몫을 못한 거지."

자산은 늘어도 줄어드는 대기업 일자리, 커지는 임금격차

"아니, 이해가 안 되네. 한강의 기적이라고 불릴 만큼 빠른 속도로 경제 성장을 했는데 왜 격차는 더 벌어져? 우리가 노력을 안 하는 게 아니잖아."

"맞아. 허리띠 졸라매고 카페인 음료 마시며 잠도 줄이고 열심히 공부하고 일했지. 그런데 격차는 벌어지고 일자리도 줄어들었어."

"경제는 성장하는데 왜 일자리가 줄어드는 거야? 그거 뭐지, 낙수효과인가? 그건 없는 거야?"

"오, 그런 말도 알아? 낙수효과, 낙수가 뭐냐? 컵을 쌓아 놓고 맨 위의 컵에 물을 부으면 물이 넘치고 그러면 자연스럽게 그다음 컵으로 물이 차고, 차곡차곡 모든 컵에 물이 찬다는 그런 개념이지. 그러니 상위 10%가 잘살면 나머지 90%도 잘살게 된다, 뭐 이런 얘기인데, 사실 다 뻥이지."

"뭐야, 뻥이라고?"

"아까 얘기했던 피케티가 말해 줬잖아. 경제 성장과 분배는 무관할 뿐 아니라 사실상 분배에 좋지 않은 영향을 미쳤다고."

"그럼 왜 일자리는 늘지 않는 거야? 기업 수도 늘어나고 일도 많아졌는데."

"한국의 고용 구조가 좀 그래. 통계청이 매년 발간하는 〈일자리 행정 통계〉를 보면, 2016년 대기업 일자리가 368만 개로 전체 일자리의 15.8%를 차지해. 중소기업 일자리가 1550만 개로 전체 일자리의 66.8%, 비영리기업이 17.4%를 차지

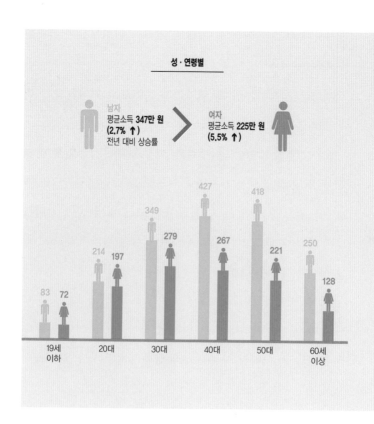

해. 2015년에 비해 대기업 일자리가 9만 개, 비영리기업이 2만 개 감소해. 반면에 중소기업 일자리는 32만 개 증가하지. 이게 무엇을 의미할까?"

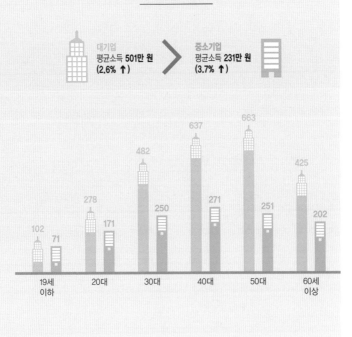

표 3-1 2018년 임금근로 일자리별 소득(보수). 출처: 통계청

"대기업보다 중소기업의 월급이 더 적지 않나?"

"임금이 적지. 통계에 따르면 2018년 대기업 노동자의 평균
소득이 501만 원, 중소기업이 231만 원이거든."

"뭐야, 두 배 이상 차이가 나네."

"그런데 2016년 기업 자산을 보면 대기업이 약 6495조 원으로 전체 자산의 71.4%를 차지해. 중소기업은 1836조 원으로 전체 자산의 20.2%이고. 당기순손익▸도 대기업이 93조 원, 중소기업은 44조 원이야."

"그럼 이익은 대기업이 더 많이 가져가는데 일자리는 더 많이 만들지 않는 거네."

"그런 셈이지. 2년 뒤인 2018년을 볼까? 대기업 자산은 7221조 원으로 전체 자산의 68.8%로 줄지만 당기순손익은 132조 원으로 늘어나. 대기업 일자리는 368만 개로 2016년과 동일하고 전체 일자리에서 비중은 15.7%로 줄어들어. 중소기업 일자리는 1497만 개로 63.9%로 줄어들고, 비영리기업이 20.3%로 늘어나."

"상황이 나아지는 게 아니라 나빠지는 건가?"

"그렇지. 그러니 얼마 안 되는 대기업 일자리를 놓고 청년들이 치열하게 경쟁하고, 이런 경쟁에서 이기기 위해 부모들

▸ 해당 분기의 총수입에서 총비용을 뺀 금액. 수입이 남으면 당기순이익, 부족하면 당기순손실로 표시된다.

이 나서는 거지. 너 '아빠 찬스', '엄마 찬스'라고 들어 봤어?"

"알지. 금수저들의 행진."

"조귀동이 쓴 《세습 중산층 사회》(생각의힘, 2020)라는 책을 보면 1980년대 학번, 1960년대생 부모들이 1990년대생 자식들에게 사실상 신분을 세습하고 있다고 봐. 그리고 그 세습의 주요 수단이 바로 교육이야. 부모들이 가진 자산의 불평등이 교육의 불평등으로, 일자리의 불평등으로 이어지고 있다는 주장이지."

"음, 알수록 심각하군. 그러니까 공부를 열심히 할 필요가 없겠네. 이미 승패는 결정되어 있으니."

"사실상 신분이 세습되는 사회인 거지. 그리고 경제 성장은 부가가치를 많이 생산하지 않는 일은 일자리로 쳐주지 않아. 대표적인 게 농업이지. 그러다 보니 경제가 성장했다고 하지만, 그사이 농촌은 더 망가졌어."

"맞아. 할아버지, 할머니가 이제 농사 그만두신다고 하잖아. 지으면 지을수록 빚만 늘어난다고."

"지금껏 살펴봤듯이 GNP는 점점 늘어나는데 그 효과가 사회 전체에 골고루 퍼지지 않는 게 현실이야. 이런 상황에서 계속 성장만 이야기하는 게 맞는 걸까?"

"한국의 부동산 중 가장 비싼 곳이 어딜까?"

"서울, 강남."

"그렇지. 왜 그럴까? 서울의 집들이 더 좋은 재료로 비싸게 지어서?"

"땅값이 비싸서 그런 거 아닌가?"

"그러니까. 땅값이 왜 비싸냐고?"

"서울이니까?"

"말을 말자. 경제 이론으로 설명해 보면 수요가 많으니 가격이 비싸지겠지. 일자리나 교육, 문화, 모든 면에서 서울이 다른 지역보다 앞서니까. 여기에 '투기'가 보태지면 가격이 더 오르지. 《부동산 계급사회》(손낙구 지음, 후마니타스, 2008)란 책을 보면, 1963년 땅값을 100으로 놓고 계산하면 2007년까지 서울 땅값이 1176배 올랐다고 해. 같은 기간 동안 소비자 물가는 43배, 실질소득▸은 15배 증가해. 그러니 서울 땅값이 실질소득보다 70배 이상 오른 거지."

"소득보다 땅값이 70배 이상 오르면 대체 집을 어떻게 살 수 있는 거야?"

"소득만으론 못 사지. 그러니 또 수저계급이 나오는 거지. 경제가 성장하면 소득도 오르고 집도 사고 자동차도 사고, 이렇게 살 줄 알았는데 실제로는 전셋값 오르는 것 맞추기에도 빠듯한 거지. 그래서 은행 대출 받아 무리해서 집을 사고, 그거 갚느라 하우스 푸어▶▶가 되고."

"역시 헬조선이야."

"또 하나 신기한 게 뭔지 알아? 주택보급률이라고 들어 봤니?"

"말 그대로 정부가 주택을 얼마나 지어서 보급했는가, 이런 거 아냐?"

"한 지역의 주택 수를 가구 수로 나눈 거야. 주택보급률이 2010년도에 이미 100%를 넘었고 2018년엔 104.2%야. 이 얘기는 뭐야. 모든 가구가 집을 가질 수 있을 정도로 공급은 충분하단 뜻이지. 그런데 전체 가구 중에서 자기 집을 가진 가구의 비율을 보는 자가 보유율은 2019년 기준 61.2%야. 이게 뭘 뜻하는 것 같냐?"

▶ 실제 상품이나 서비스를 구매할 수 있는 소득으로 물가 변동을 반영한 소득.
▶▶ 자기 집은 있지만 빚이나 실업 때문에 가난에서 벗어나지 못하는 사람. 노인 비율이 높다.

"집은 늘어났는데 자기 집이 없다는 거네. 그럼 누가 집을 한 채 이상 가지고 있다는 거겠지."

"맞아. 2019년 9월 24일에 경실련이 발표한 자료에 따르면 다주택자 상위 1%의 평균 주택 보유 건수가 2008년 3.5채에서 2018년 7채로 불과 10년 만에 두 배로 증가했어. 그리고 전체 주택 1999만 채에서 다주택자가 보유한 주택은 700만 채로 전체의 35%를 차지해. 이게 뭘 뜻하니? 집을 투기나 임대료를 받기 위한 수단으로 사용하는 사람들이 집을 여러 채 소유하고 있기 때문에 살 집이 필요한 사람들이 집을 못 구하는 거야."

"아니, 요일마다 집을 바꿔 가며 사나, 왜 7채야. 이런 건 정부가 어떻게 해야 하는 거 아냐?"

"그렇지. 이런 건 시장 원리에만 맡겨 두면 힘없는 사람들이 피해를 볼 게 너무 명확하지. 그래서 정부 역할이 중요한데, 그동안 한국 정부들은 이 역할을 방치했어. 왜 그랬을까?"

"그러게. 왜일까?"

"간단해. 고위 공직자들이 다주택자거든."

"헐, 뭐야. 말도 안 돼."

"2020년 8월 6일 경실련의 발표에 따르면 국토교통부, 기획
재정부 등 부동산·금융·세제 등의 정책을 다루는 주요 부처
의 고위 공직자 107명 중 39명(36%)이 다주택자야. 그리고 국
회공직자윤리위원회가 2020년 8월 28일에 발표한 자료에 따
르면, 제21대 국회의 초선 국회의원 175명 중 다주택자가 49
명(28%)이야. 자, 이런 사람들이 자신들의 이해관계에 어긋나
는 결정을 내릴까?"

"아닐 것 같아. 이거야말로 고양이한테 생선가게를 맡긴 꼴
이군."

"그런 고양이 비하 발언은 삼가 줘. 이것만 봐도 경제의 양
적 성장이 질적인 부분을 전혀 보장하지 않는다는 거지. 이게
현실인데 우리는 자꾸 더 성장해야 삶의 질이 높아진다고 착
각하고 있는 거지."

"그래도 경제가 성장해서 옛날보다 훨씬 잘살게 된 건 사실이잖아. 옛날보다 소비수준도 훨씬 높아지고."

"소비수준이 높아진 건 맞지. 그런데 그만큼 우리는 행복해졌을까?"

"나는 그렇다고 생각해. 쇼핑으로 행복을 느끼는 사람이 얼마나 많은데. 지름신이 내린다고도 하잖아."

"그래서 그 신내림을 받은 사람은 행복하게 잘 살았다니? 지르고 난 뒤에 후회하지 않고? 너 톨스토이의 〈사람에게는 얼마만큼의 땅이 필요한가?〉라는 단편소설을 아니?"

"톨스토이는 알지. 그 소설은 잘 모르고."

"줄거리를 간략하게 말하면 이런 거야. 땅을 갖고 싶어 하던 한 농부가 있었는데, 어느 마을에 가니 좋은 땅을 몇 평당 얼마씩이 아니라 하루 동안 둘러볼 수 있는 넓이만큼 팔았던 거지. 그러니 농부가 어떻게 했겠어? 최대한 많은 땅을 가지려고 땡볕에 쉴 새 없이 걸었지. 출발점으로 돌아왔지만 너무 무리를 해서 죽고 말아. 결국 농부가 차지한 땅은 자신이 묻힐 2미터 정도의 구덩이였단 말이지."

"그런데 그 얘기는 갑자기 왜 하는 거야?"

"무조건 최대한 많이 소유하고 소비하려는 욕심이 결국은 자신도 해칠 수 있다는 거야. 인간은 유한한 존재인데 무한히 가지는 게 무슨 의미겠어. 필요한 만큼 가지면 되는데. 내가 더 많이 가지는 만큼 다른 사람이 가질 몫은 줄어들 수 있잖아."

"그건 그렇지만 요즘처럼 위태로운 시기에는 가진 게 좀 많아야 든든하지."

"위태로운 시기에 많이 가지고 있으면 든든하니? 누가 내 것 가져가지 않을까 더 불안할 수도 있지. 진짜 든든하려면 내가 다치거나 위험할 때 누가 달려와 도와주는 사회를 만들어야지. 신뢰 없이 가진 것만 많으면 누가 달려오면 내 걸 뺏으려는 줄 알겠지. 그런 점에서 위기의 순간에는 소유보다 신뢰와 나눔이 더 필요할지 몰라. 서로 믿고 나누면서 버텨야 오래 버티지."

"교훈적이긴 한데, 지금 같은 사회에선 어려운 이야기네. 내가 쓸 것도 부족한데 남과 나눌 수 있겠어?"

"그러니까 성장만큼 중요한 게 공정한 분배이지. 나눠 쓸 것은 이미 부족하지 않다니까. 개인의 노력이 아니라 시스템의 문제야. 많이 생산하지 않아도 행복하게 살 수 있는 시스템을 만드는 게 과제이지. 그리고 그냥 자연스럽게 이루어지는 행복은 없어. 모든 일에는 어떤 생명의 희생, 누군가의 노력이 필요하다는 점을 잊어먹으니 힘없는 사람들에게만 희생이 강요되는 거야. 사람들이 그런 이야기를 많이 해. 새로운 시대가 오면 청소나 빨래는 누가 하냐고."

"청소나 빨래는 기계가 하고 로봇이 하겠지."

"그렇긴 한데, 걔들도 알아서 만들어지고 알아서 작동하는 건 아니잖아. 고장도 나고, 관리도 해 줘야 하고."

"로봇을 수리하는 로봇, 로봇을 관리하는 로봇이 있으면 안 되나?"

"영화 안 봤니? 그러다가 로봇들이 반란을 일으키잖아."

"이럴 때 보면 삼촌은 참 비현실적이야. 순진하게…."

"어쭈. 자족하는 삶이 늘어나야 성장하지 않아도 행복하게 살 수 있지 않을까? 단순하고 소박한 삶, 한번 고민해 봐."

"그럼 〈나는 자연인이다〉에 나오는 사람들처럼 산으로 가야 하나?"

"뭐, 그럴 수도 있지만 지금 내가 사는 환경에서 조금씩 바꾸는 게 중요하겠지. 에너지와 자원을 아끼고 소박한 삶을 고민하고. 의미 없는 것처럼 보이지만 실제로는 그게 우리 일상에 도움을 줄 수 있거든. 천천히 걸을 때 내 눈에 보이는 것들, 문득 올려다본 하늘, 귓가를 스치는 바람, 이런 것들의 의미를."

∥∥∥∥∥∥ 탈성장은 자포자기하며 아무것도 하지 않는 삶이 아니다. 외려 그동안 잊어버리거나 잃어버렸던 소중한 것들의 의미를 되새기는 시간이다. 경제 성장을 위해 혼신의 힘을 다했지만 그 결과물들은 일한 사람들의 손아귀에서 빠져나가고 있다. 더 많이 생산하면 더 행복해질 거라 믿어 왔지만 그 생산물들이 어디로 어떻게 가는지도 알 수 없다. 경제 성장은 인간의 삶을 안정시킬 거라 믿어 왔지만 삶은 더욱더 불안해지고 있다.

그리고 이런 불안함은 아직 자원이나 자산을 가지지 못한 청년이나 미래세대에게 더 커질 수밖에 없다. 경제 성장은 미래를 대비하는 것 같지만 실제로는 미래의 자원을 약탈하고 현재의 불평등을 더 강화시킨다. 모두를 위하는 듯하지만 실제로는 이미 자원을 가진 사람들에게만 유리한 경제 성장이 왜 필요할까?

이제는 경제 성장에 매달리는 것보다 가진 것을 평등하게 나눌 방법을 찾고 시민들이 그 방법에 합의하는 게 더 중요하다. 지금 우리 삶이 힘든 건 부의 총량이 부족해서가 아니라 부가 평등하게 분배되지 않아서이다.

4.
그린뉴딜, 탈성장으로 가는 현실적인 방법

100
80
60
40
20

"삼촌, 〈뉴스톱〉이란 사이트에서 '기후 위기와 탈핵은 같은 범주가 아니다'라는 기사를 읽었어."

"웬일이야, 그런 진지한 기사도 읽고."

"내가 인터넷에서 탈성장을 검색하고 있거든."

"한국에서 기후 위기에 대응할 방법과 관련된 기사인데, 읽어 보니 어떻든?"

"알 만한 것도 있고 아닌 것도 있는데, 그 기사에서는 '인간이 너무 많은 에너지를 사용한다는 점엔 동의하지만 탈성장을 이야기하면 기후 행동에 나설 사람이 있을까?'라고 질문해. 탈성장은 한 나라만 선언한다고 해서 될 일도 아니고. 그래서 탈성장엔 동의하지만 공허한 원칙이라고 하던데. 현명

하신 우리 삼촌의 생각은?"

"어려운 질문이군. 경제 성장이 한 번도 의심을 받지 않았던 한국에서 시민들을 설득하는 건 쉽지 않은 일이 맞아. 한국이 탈성장을 하면 다른 나라의 기업들이 시장을 장악할 거라는 이야기는 좀 따져 봐야 할 주장이지만. 왜냐하면 탈성장이 경제활동의 중단은 아니고 탈성장이 한국만의 과제는 아니니까."

"한국에서 이산화탄소 배출량이 줄어든 해가 1997년뿐이었다면서 그렇게 가혹한 해가 1년이 아니라 10년 이상 되어야 급격한 감축이 가능하다고 하던데."

"그건 맞아. 그런 고난의 시기를 버텨야 하지. 그런데 달리 선택할 길도 없어. 왜냐하면 다른 나라들은 이미 기후 위기 대응을 시작했거든. 기업이 온실가스 배출량을 얼마나 줄였는지에 따라 관세를 매기자는 탄소국경세(carbon border tax)도 논의되고 있어. 변화는 피할 수 없어. 그렇다면 가야 할 길의 방향을 분명히 정하는 게 맞지."

"사람들의 저항이 크면?"

"그러니 설득할 수 있는 대안을 제시해야지. 지금의 성장이 돌이킬 수 없는 결과를 가져오리라는 점은 분명하거든. 너 혹시 'how dare you?'라는 말 들어 봤어?"

"어, 영어다. 뭐지?"

"당신이 어떻게 그럴 수가 있냐."

"무슨 말이야?"

"그레타 툰베리는 안다며."

"당근, 우리 시대의 아이콘이지."

"그런데 왜 툰베리가 한 말은 모르니?"

"아… 그러니까 그게 뭔 말이냐고."

그레타 툰베리, 화석연료 즉각 사용금지!

"'how dare you'는 그레타 툰베리가 2019년에 유엔 기후행동정상회의에서 했던 연설에서 나온 말이야. '어떻게 감히 당신들은 지금까지 살아온 방식을 하나도 바꾸지 않고 기술적인 해결책만으로 이 문제를 풀어 갈 수 있는 척할 수 있습니까? 오늘날처럼 탄소 배출을 계속한다면, 남아 있는 탄소 예산마저도 8년 반 만에 모두 써 버릴 텐데요'라고 목 놓아 외쳤지."

"탄소 예산은 또 뭐야?"

"탄소 예산(carbon budget)이란 기후 변화를 막기 위해 제한하는 이산화탄소 배출량을 의미해. 탄소 예산을 다 써 버리면 기후 위기를 피할 수 없는 거지. 〈지구온난화 1.5℃ 특별보고서〉에 따라 지구 평균온도 상승을 1.5도로 막기 위해 전 지구가 쓸 수 있는 탄소 예산은 4200억 톤(2018년 기준)이야. 2018년에 전 세계가 배출한 이산화탄소 양이 370억 톤이니 계산해 봐. 얼마나 남았니?"

"뭐야, 11.3년?"

"2050년까지 탄소 배출량을 0으로 만들어야 하는데, 현재 탄소 예산은 11년치밖에 안 남았어. 어떻게 해야겠니?"

"와, 이거 너무 심각해서 말이 안 나오네. 어떡하지?"

"그러니까 툰베리가 '어떻게 그럴 수 있냐'고 호소한 거지. 지금 세계의 권력을 잡고 있는 사람들은 40~50대인데, 이들에게 20~30년 뒤 문제는 크게 걱정이 없겠지. 그러나 10대, 20대들이 겪을 미래는 너무 끔찍한 거지. 그리고 아까 말했지, 파괴하는 데 걸리는 시간보다 복원하는 데 걸리는 시간과 비용이 훨씬 더 많이 든다고."

"그래서 툰베리가 지금 당장 행동해야 한다고 말하는 거구나."

"미래가 이런데 경제 성장, 미래를 위한 투자, 이런 게 무슨 소용이겠어. 그러니 툰베리가 등교를 거부했던 거지."

"요즘은 기후파업(climate strike) 하자는 얘기도 들리던데."

"오, 맞아. 기후 위기에 대한 대책을 마련하라고 요구하며 학교에 가지 않거나 직장에 출근하지 않는 행동을 가리켜. 파리 기후변화회의가 개최될 때 처음 기후파업이 벌어졌지만 이를 대중화시킨 건 툰베리지. 툰베리는 매주 금요일에 등교를 거부하고 시위를 벌였고, 전 세계의 시민들이 이를 본받았지."

"찾아보니까 한국의 청소년들도 기후 행동을 하고 있네. 2019년 3월 15일에 청소년기후소송단이 청와대에 편지도 전달했는데. '매일 마스크를 끼고, 눈이 오지 않는 겨울을 보내고, 뿌연 하늘을 하루하루 보다 보면 어느새 여름이 다가옵니다. 선택지가 없는 소비 시스템과 끝없는 입시의 굴레를 도는 학생들이 바로 여러분이 말하는 축복받은 세대의 모습입니다. 우리는 편리 속에서 살아가지만 그 편리에 비해 앞으로 짊어져야 할 짐이 너무나도 큽니다. 그런데도 어른들은 우리를 미래세대라고 부르면서, 열심히 공부하여 미래를 만들어 나갈 책임은 우리에게 주어졌지만 현재를 바꾸기 위한 권리는 우리 청소년들에게 주어지지 않았습니다.' 야, 심금을 울린다. 대체 언제까지 미래세대라고 하면서 이 무너져 가는 현실에 개입할 권리를 보장하지 않을 거냐고."

"그래서 툰베리는 과감하게 행동하지. 2019년에 툰베리는 비행기가 이산화탄소를 배출한다며 태양광 요트로 2주 동안 대서양을 횡단해서 뉴욕에서 열린 유엔 기후변화정상회의에 참석했어. 영국에서 뉴욕까지 요트로 갔다니깐."

"대단해. 요트로 바다를 건널 생각을 하다니, 정말 급진적이야. 행동이 급진적인 만큼 요구도 급진적이겠지?"

"물론. 툰베리는 석탄, 석유, 천연가스 등의 화석연료 사용을 법으로 금지하자고 주장해."

"정말 급진적이네. 그런데 온실가스 배출량을 빠르게 줄인다는 목표를 달성하려면 그렇게 해야 하는 것 아냐?"

"그렇지. 그런데 목표에 이르는 방법은 여러 가지가 있어."

오카시오-코르테스 의원, 그린뉴딜로 안전하고 정의로운 미국을!

"툰베리와 인터뷰를 한 미국 하원의원이 있어. 알렉산드리아 오카시오-코르테스(Alexandria Ocasio-Cortez)라고 민주당

소속 의원이지. 보통 AOC라고 부르지."

"AOA는 아는데."

"아, 그래. 2016년에 민주당의 버니 샌더스(Bernie Sanders)가 민주당 대통령 후보 경선에 나섰을 때 그 캠프에서 활동하며 두각을 드러냈어. 갑자기 등장한 건 아니고 대학생 때부터 꾸준히 정치활동을 했어. 2018년 11월에 뉴욕주에서 29세의 역대 최연소 의원으로 당선되면서 여론의 주목을 받았지."

"인터넷에서 찾아보니 기사도 많고 그의 정치활동을 다룬 〈세상을 바꾸는 여성들〉이라는 다큐멘터리 영화도 있네. 그런데 왜 몰랐지? 와, 발언이 엄청 세네. 트럼프는 인종차별주의자, 자본주의는 상위 1%를 위한 체제라니."

"트럼프야 그런 말을 들을 만하고, 아까 우리가 살펴봤듯이 자본주의에 문제가 있다는 점은 사실이잖아. 문제가 드러났으니 그걸 바로잡으면서 다가올 기후 위기에도 대비해야 하는 거지. 그런 점에서 코르테스는 그린뉴딜(Green New Deal) 법안을 발의한 의원이기도 해."

"그린뉴딜? 그건 뭐지?"

"뉴딜은 1929년에 미국에 대공황▶이 왔을 때 미국의 제32대 대통령 프랭클린 루스벨트가 추진했던 정책이야. 정부가 나서서 공공 일자리를 만들고 복지정책을 강화하며 사회재건을 이끌었지. '새로운 합의'라고 불릴 만큼 단기간에 강력하게 정책을 추진했어."

"그래서 성공했어?"

"심각한 실업률과 기업파산을 줄인 건 사실이지. 그 덕에 루스벨트는 압도적인 득표로 다시 대통령에 당선되었지."

"그럼 그린뉴딜은 뭐야?"

"단순화하면 이산화탄소를 비롯한 온실가스 배출을 줄여 기후 위기에 대응하면서 자본주의가 만든 불평등을 바로잡자는 거야. 이를 위해 재생에너지와 관련된 많은 일자리를 만들고 복지를 강화하며 생태계도 복원하고."

"태양광, 풍력, 이런 게 재생에너지 아냐? 거기에서 일자리가 많이 만들어질 수 있나?"

"시설을 설치할 뿐 아니라 그걸 관리하고 운영할 사람들이 필요하지. 그리고 지금은 핵발전소나 석탄화력발전소에서 대량으로 생산해서 송전탑으로 전송하는 구조인데, 재생에너지

▶ 미국의 주가 폭락으로 시작된 전 세계적인 경제 위기. 1929년부터 1932년 동안 전 세계의 GDP가 15%나 감소했다.

중심으로 바뀌면 전력을 생산하고 송전하고 소비하는 시스템 자체가 바뀌어야 하는 거야. 코르테스가 미국에 제안한 일자리는 1000만 개야."

"어마어마하네. 그러면 단순히 에너지 영역의 변화로 그치지 않겠네."

"2019년 2월에 코르테스가 연방의회에 제출한 법안은 재생에너지로의 전환만이 아니라 저탄소 경제를 만든다는 목표를 세웠어. 2035년까지 100% 재생에너지로 전환, 2030년까지 자동차 온실가스 배출을 0으로. 깨끗한 물과 공기에 관한 기본권을 회복하고 국토를 지속가능한 형태로 관리하며 도시의 지속가능성과 회복력 강화, 이렇게 포괄적인 사회 변화를 제안했어."

"그래서 어떻게 됐어?"

"안타깝게도 코르테스가 제안한 법안은 상원에서 부결되었어."

"왜? 누가 반대한 거야?"

"민주당 의원들은 표결에 참여하지 않았고 공화당 의원들은 전부 반대표를 던졌어. 심지어 민주당 일부 의원들도 표결에 참여해 반대표를 던졌어. 왜일까? 미국도 여전히 경제 성장을 바라는 사회이니까."

"그래도 그런 법안이 제출된 것 자체는 큰 의미가 있지 않나? 미국이 한국보다 앞섰네."

"외국이 한국보다 기후 위기에 더 민감한 건 사실이야. 한국은 여전히 경제 성장에 목을 매고 있으니까. 그리고 미국에서는 선라이즈 무브먼트(Sunrise Movement) 같은 운동이 활발해. 이들은 지방의회나 하원의회 의장의 사무실을 점거하고 그린뉴딜과 정의로운 전환(Just Transition)을 요구하고 있어."

"정부가 변화를 주도하는 경우는 없어?"

아던총리의 결정, GDP에서 행복으로!

"있지. 뉴질랜드가 어디 있는지 아니?"

"알지, 호주 옆에."

"거기 총리가 누구게?"

"한국 총리 이름도 가물가물한데 뉴질랜드 총리를 내가 어

▶ 사회전환 과정에서 피해를 입거나 일자리를 잃을 수 있는 사람과 지역을 지원해서 희생되지 않도록 하는 것.

떻게 알아?"

"저신다 아던(Jacinda Ardern) 총리라고, 여성이야."

"와, 거기는 여성이 총리도 하는구나."

"더구나 1980년생이야."

"뭐? 우리 엄마보다 젊네. 그런데 총리라고?"

"2018년 6월엔 아이를 낳기 위해 출산휴가를 냈어."

"뭐야. 임기 중에 출산을?"

"그런데 아직 남자친구와 약혼 상태이고 결혼을 하진 않았어."

"오 마이 갓. 뭐야."

"개인적인 일이지만 아던 총리가 중요하게 여기는 게 여기서 드러나지. 기존 질서에 무조건 따르지 않고 자기 길을 걷는. 어쨌거나 아던 총리가 만든 주요한 사회변화 중 하나는 GDP 성장만으론 삶의 질을 높일 수 없고 위대한 나라를 만들 수 없다며 탈GDP 정책을 선언하고 행복(wellbeing)예산을 편성했어. 경제 성장을 하겠다며 대규모 사업을 추진하는 대신에 시민의 삶의 질을 높여 튼튼한 나라를 만들겠다는 거지."

"행복예산? 완전 새로운데. 멋있다!"

"아던 총리는 다섯 가지 목표를 세웠어. ①뉴질랜드 시민의

정신건강을 돕고, ②아동 빈곤을 개선하며, ③마오리족과 남태평양계 뉴질랜드인의 삶을 지원하고, ④국가 생산성을 높이면서도, ⑤지속가능한 발전이 가능하도록 경제 구조를 전환하겠다."

"와, 좋은 건 다 넣었네. 그런데 정신건강을 돕는다는 건 좀 특별해 보여."

"요즘 한국도 상담이나 마음치료 같은 게 활성화되는 추세잖아. 비슷해. 예전에는 신체적인 질병을 국가가 맡아서 치료하고 지원했다면 이제는 정신건강까지 관리한다는 거지. 그래서 학교나 지역센터 등에 전문인력을 배치하고 자살 예방 서비스도 하고."

"아동 빈곤 개선도 있네. 뉴질랜드가 잘사는 나라인 줄 알았더니 아동 빈곤이 심한가?"

"어느 나라나 마찬가지이지. 가정폭력을 경험하거나 부모의 소득이 적어 방치된 아동들을 적극적으로 지원하겠다는 정책이야. 소수자들도 지원하고."

"그런데 국민들이 이런 정책을 지지해?"

"아던 총리가 행복예산을 하겠다고 하자 반발도 있었지. 아직 가 보지 않은 길이니까. 그리고 국가 생산성을 높이면서도 경제 구조를 전환하는 건 쉽지 않은 과제이지. 그런데 생산성이라는 게 꼭 GDP일 필요는 없잖아. 시민들의 삶의 질이 높아지면 그것 자체가 국가를 건강하고 강하게 만드는 힘이니까."

"그럴 것 같아. 그린뉴딜이 많은 일자리를 만든다고 하지만 아직 실현되지 않은 일이잖아. 행복예산은 추진 중이라니 어떤 결과가 나올지 궁금하다. 기후 위기를 막으면서도 삶의 질은 높인다니. 다른 나라들도 행복예산을 시행해?"

"원래 부탄이 GNP 대신에 GNH(국민총행복)라는 개념을 먼저 제시하긴 했어. 그리고 아이슬란드도 2019년부터 GDP보다 행복에 초점을 맞추겠다고 밝혔지. 이렇게 여러 나라가 행복예산을 추진하면서 한국에서도 행복예산에 대한 관심이 늘어났어. 전주시나 서울시에서 관련 포럼들도 열렸고. 이런 건 좋은 일이지."

▍▍▍한국의 그린뉴딜, 모호한 그림과 여전히 성장!

"한국은 어떻게 진행되고 있어?"

"어떨 것 같니?"

"음, 삼촌은 보통 부정적인 답을 할 때 이렇게 말하지."

"한국에서도 그린뉴딜에 대한 논의는 진행되고 있지. 2020년 9월 24일에 국회가 '기후 위기 비상대응 결의안'을 통과시켰고, 정부는 '한국형 뉴딜'을 추진하겠다고 입장을 밝혔어. 정부는 그린뉴딜 5대 대표 과제로 ①그린 스마트 스쿨, ②스마트 그린 산단, ③그린 리모델링, ④그린 에너지, ⑤그린 모빌리티를 정했어."

"그린 스마트 스쿨은 뭐야? 스마트는 왠지 느낌이 오는데 그린은 모르겠네."

"노후학교를 대상으로 태양광 발전 시설을 설치하고 친환경 단열재 보강공사 등을 해서 에너지 효율성을 높인다는 거야. 나쁘지 않지."

"음, 그런데 왜 스마트야?"

"한국에서 스마트는 디지털 아니겠니. 미래형 수업이 가능한 스마트 교실을 만든다는 거지. 학생들이 공간을 설계해서 학습과 쉼, 놀이가 공존하는 공간으로 만들고, 학교가 지역사회의 중심이 될 수 있도록 기능도 복합화하고."

"미래형 수업은 뭐래?"

"잘 모르겠어. 뭐 느낌적 느낌은 테드처럼 유명 강연들을 쭉 펼쳐 놓는 게 아닐까 싶어."

"좀 별로다. 결국 지식을 학습하는 건 똑같네. 학습과 쉼, 놀이가 공존하는 공간을 만든다니 의도는 참으로 반갑지만 지금 학교 현실에서는 이게 무슨 뜬구름 잡는 소리인가 싶어. 학생회라도 마음대로 하면 좋겠구먼."

"이보게, 청소년. 꿈은 크게 가져야지."

"꿈은 무슨…. 스마트 그린 산단, 그린 모빌리티는 뭐야? 그린 리모델링은 왠지 건물들을 친환경으로 리모델링한다는 것 같고, 그린 에너지는 재생에너지 같은데."

"맞아. 스마트 그린 산단은 폐열과 폐기물을 재사용하고 오염 물질을 줄인 스마트 생태 공장을 만드는 것, 그린 모빌리티는 전기자동차·수소자동차를 널리 보급하고 충전소를 늘리는 거지."

"그러면 좋은 거 아냐?"

"말만 들으면 그럴듯해 보이는데, 이미 전국에 널려 있는 골칫덩어리 산업단지들과 쓰레기 산을 어떻게 수습할 건지 고민은 별로 없고 한국은 자꾸 새로운 것을 만드는 것에만 관심을 가지지. 마찬가지로 어떻게 자동차를 줄이고 공공교통을 확대할 것인가엔 관심이 없고 전기자동차·수소자동차를 늘릴 계획만 세워. 여전히 양적인 성장에 관심이 많다는 이야

기이지. 그래서 이런 논의를 그린 워싱(green washing)이라고
도 해. 여전한 성장 정책을 녹색으로 포장한다는 이야기지."

"역시 삼촌은 언제나 부정적이야. 그게 매력이기도 하지만."

"야, 나는 경향을 보는 거야. 한국 사회의 흐름을. 좋은 취
지라고 무조건 좋게만 보지 말고 흐름을 봐야 한다고."

▋▋▋▋▋▋ ▋▋ 그린뉴딜은 탈성장으로 가는 한 가지 경로이다. 외국의 사례를 따라가는 것이 우리의 해결책은 될 수 없다. 그렇기에 '이렇게 가야 한다'가 아니라 한국에서는 논쟁이 이제 본격적으로 시작되어야 한다. 한국의 탈성장 전략은 나와 우리, 사회를 바라보는 관점의 문제이자 토건사업으로 대표되는 부패와 난개발의 고리를 끊어 낼 방법, 군대식으로 속도로

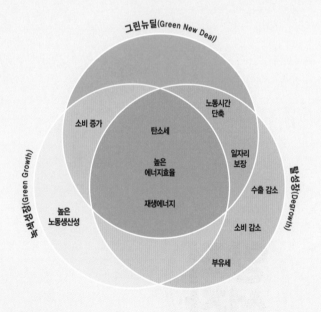

표 4-1 탈성장-그린뉴딜-녹색 성장 간의 관계. O'Neil D.W.(2020), "Beyond Green Growth", *Nature Sustainability* 3, 260–261 참조.

밀어붙이는 온갖 새로운 사업들을 통제할 방법, 헬조선에서 탈출할 방법을 찾아야 한다. 구조 개혁과 개인과 집단의 실험을 동시에 실행해야 하는 탈성장으로의 전환 전략은 쉽게 만들어질 수 없다.

이제 전환의 큰 그림을 하나씩 그려야 한다. 그런 점에서 남아메리카 에콰도르의 실험은 흥미롭다. 에콰도르는 2008년 9월에 헌법을 고쳐서 자연을 권리의 주체로 받아들였다. 에콰도르 헌법 제71조는 "생명이 다시 태어나고 발생하는 자연, 즉 파차마마(Pachamama)는 그 존재를 존중받을 권리와 생명의 순환과 구조, 기능, 진화 과정을 유지하고 재생산할 완전한 권리를 가진다."라고 규정했다. 에콰도르의 시민들은 오랜 토론을 거쳐 대지와 자연을 새로운 헌법의 주체로 받아들였고, 자연은 권리를 보장받았다. 한국에서도 이와 비슷한 과정이 마련될 필요가 있다. 그러려면 먼저 탈성장에 대한 두려움을 없애야 한다.

5.
탈성장에
대한
걱 정 들

100
80
60
40
20

"삼촌, 탈성장은 신문기사나 방송 검색을 해도 거의 안 나와."

"여전히 사회의 주류 담론은 아니라는 거지. 그린뉴딜을 검색해 봐."

"와, 최신글로 무지 많이 뜨는데."

"한국 사회가 그린뉴딜까지는 어떻게든 써먹을 생각인데, 아직 탈성장은 못 받아들이겠다는 거지."

"그런데 적정 성장이라는 말도 있던데. 지금까지는 무조건 성장만 하고 보자는 식이었다면 이제는 환경이나 여러 조건을 고려해서 성장하자는."

"뭐 어디까지 성장하고 어디서 멈추고, 이런 게 인간의 마음대로 된다면 그런 것도 가능하겠지. 지금 이런 위기 상황까지 온 걸 보면 그런 조절이 잘 안된다는 것 아니겠어? 〈성장이라는 거짓말〉이라는 스페인 다큐멘터리가 있어. 한번 봐."

"탈성장 검색하다가 찾긴 했는데 다큐는… 지루하지 않을까?"

"일단 보셔."

▌▌▌성장하지않는 경제가 지속될수있을까?

"다큐멘터리 영화라 좀 지루하긴 했지만 확실히 위기감이 생기네. 삼촌이 얘기한 〈성장의 한계〉 이야기도 나오더라. 우리의 손녀, 손자들의 미래를 보장하는 유일한 길은 더 부유해지는 것을 중단하는 것이라는 이야기는 좀 심쿵하던데. 그렇지만 여전히 고민이 돼."

"뭐가 가장 고민이 됐는데?"

"GNP, GDP만 가지고 경제를 얘기하면 문제라는 건 알겠어. 그렇지만 인구가 늘어난 만큼 일자리도 늘어나야 하는 건 맞잖아. 그리고 일자리가 늘어나려면 경제 규모가 커져야 하는 거 아냐? 지금처럼 실업률이 높아지는 시대에 경제 규모를 줄이자는 건 쉽게 동의가 안 돼. 막말로 우리는 뭐 해서 먹고살아야 해? 실업률이 높아지면 먹고살기가 힘들어지는 건 사실이잖아."

"일자리가 필요한 건 맞지."

"그러니깐. 영화에서 하는 이야기들은 좀 막연하더라고. 괜찮을 거라고 하는데 지금의 불안감으론 그 낙관적인 태도를 받아들이기 어려워."

"너도 영화에서 봤잖아. 지금까지 성장할 수 있었던 건 서구 국가들이 다른 나라를 식민지로 만들거나 노동자들을 가혹하게 착취해서 가능했는데, 이제는 그렇게 할 수 있는 곳이 없다고. 그리고 자연도 더 이상은 못 버티고."

"그건 모르지 않지. 하지만 그렇다고 성장을 포기하자는 건 빈대 잡겠다고 초가삼간 태우는 게 아닐까? 사람이 성장하듯이 경제도 성장하는 게 자연스러운 일이잖아. 한국처럼 자연자원도 없고 수출로 경제를 유지해 온 나라가 정말 버틸 수 있을까? 경제란 게 항상 호황만 있는 건 아니잖아. 위기도 올 수 있는 거고. 그러니 지금 위기도 지나가지 않을까?"

"네 걱정은 충분히 이해한다. 그런데 경제가 성장한다고 일자리가 늘어나지 않는다는 건 아까 얘기했고, 한 가지 더. 정말 일자리가 문제라면 이미 있는 일자리를 나누는 것도 가능하지 않을까?"

"일자리를 나눈다는 게 무슨 뜻이야?"

"지금은 한 사람이 잔업에 야근에 자기 몸을 혹사하면서 일을 한다면, 그러다 사고로 다치거나 목숨을 잃기도 한다면, 그 일을 두세 사람이 나눠서 맡는 거지."

"그러면 인건비가 늘어나는 거 아냐?"

"인건비가 늘어날 수도 있고 사회적으로 합의해서 최저 생계 이상으로 정할 수도 있지. 일자리를 만들고 인건비를 늘려야 소비도 살아나지 않을까?"

"일자리를 나누다 임금이 줄어들면 어떡해?"

"부족한 부분은 사회가 책임을 져야지. 개인에게 모두 맡겨 놓지 말고. 가령 교육비만 제대로 책임져도 가정의 부담이 줄어들지 않을까? 사교육비를 늘리는 방식이 아니라 대학의 평준화 등 교육의 공공성을 강화하는 방향으로, 입시 경쟁보다 다양한 교육 서비스를 제공하는 방향으로 바뀌면."

"그건 너무 꿈같은 이야기 아냐?"

"코로나19로 기업들의 위기가 커지자 이미 정부가 개입하고 있잖아. 고용을 유지하기 위해 정부가 고용유지지원금을

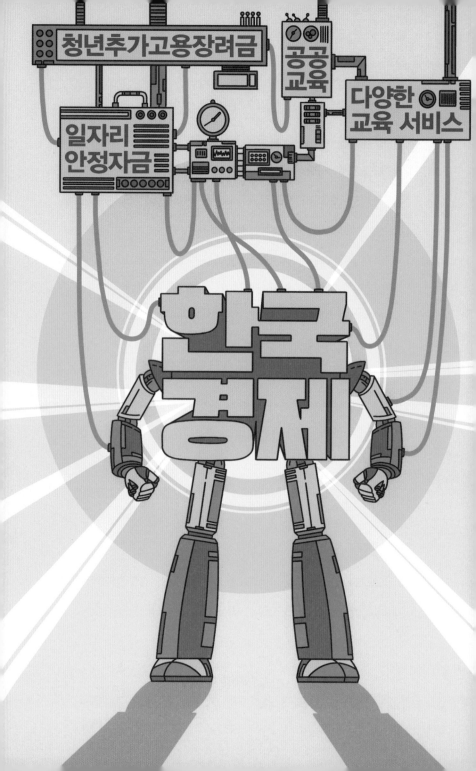

중소기업에게 지원하고 있어. 저임금 노동자를 계속 고용하는 사업장에도 일자리 안정자금을 지원하고. 청년을 정규직으로 신규 채용한 5인 이상 중소·중견기업에도 청년추가고용장려금을 지원하고."

"한국의 GDP 규모가 약 1조 6000억 달러로 세계 12위라며. 한국 돈으로 1863조 원 정도가 되니 경제 규모가 꽤 큰 편인데, 이걸 정부가 유지시킬 수 있나?"

"정부가 경제를 완전히 책임지는 건 불가능하지. 그렇지만 산업정책의 방향을 잡고 경제의 체질을 바꾸는 건 가능하지. 네 걱정은 알겠는데, 갑자기 경제활동이 중단되는 게 아냐. 다른 방향으로 경제를 활성화시키는 것이지."

"'탈'이 주는 어감이 강해서 그런가. '탈성장' 하면 자꾸 붕괴를 연상하게 돼."

"그래서 '경제 성장 이데올로기'라고 하는 거야. 사람을 자꾸 불안하게 만들거든. 탈성장은 지구의 파멸을 막고 불안과 위기를 줄이는 길이야."

"그런데 그렇게 정부가 지원을 하려면 경제가 성장해서 세금도 많이 걷을 수 있어야 하는 거 아냐? 복지 예산을 늘리려면 그만큼 세금을 걷어야지. 물론 성장이 반드시 복지로 이어진다는 보장은 없지만 돈이 있어야 복지도 하고 분배도 하지."

"그래서 복지를 위해 경제 성장을 하자는? 그리고 성장을 위해 기업도 팍팍 밀어주고?"

"그렇지. 기업들이 투자를 해야 일자리도 늘어나고 소득도 올라가고. 그래서 경기가 좋아지면 세금도 많이 걷을 수 있고, 그 재원으로 복지에 투자하고. 지금처럼 세계화된 상황에서는 외국 기업들이 투자하기 좋은 조건을 만들어야 하는 거 아냐?"

"얘는 코로나 위기를 겪으면서도 여전히 세계화된 경제를 얘기하네. 어쨌거나 복지국가를 만들려면 경제 성장이 필요하다는 이야기도 있지. 하지만 경제적인 격차가 왜 벌어졌을까?"

"그건 아는데. 현실적으로 격차는 이미 벌어져 있는 거잖

아. 그리고 격차를 줄이려면 돈이 필요하고. 국제적으로도 그
래. 선진국들은 탈성장을 얘기하지만 개발도상국들의 경제는
성장해야 하는 것 아닌가? 그래야 불평등이 줄어드는 거잖
아."

"경제가 성장하지 못한 게 아니라 부의 분배가 불평등한 거
야. 불평등하니까 더 성장해서 부를 분배하자? 그렇게 된 역
사가 있니? 그건 도돌이표를 찍는 거야. 게다가 기후 위기를
고려하면 이제는 근본적인 해결책이 필요해."

"마치 닭이 먼저냐, 달걀이 먼저냐의 선택처럼 들리는데."

"아니야. 경제가 성장하지 않아도 제대로 분배정책이 실현
되면 불평등이 줄어들 수 있어. 지금 한국 경제가 성장하지
않아서 양극화가 심해지는 건 아니라고. 양극화를 바로잡으
려면 지금 당장 개혁이 필요해. 성장을 위한다며 또 뒤로 미
루면 시간이 지날수록 격차는 더 벌어질 뿐이라고. 그러면 정
말 바로잡기 힘들고 사회가 무너질 거야."

"그래도 이미 심각한 양극화는 어떡해? 삼촌은 약자들이 사
회의 돌봄을 받아야 한다고 생각하는 거 아냐?"

"맞아. 그런 서비스를 받아야지. 곳간에서 인심 난다고 하
는데 이미 곳간은 충분히 찼다고 생각해. 분배가 안 되는 문

제를 자꾸 부족함의 문제로 돌리면 안 돼. 그리고 약자들이 약한 건 지금 사회의 모순 때문이지 그들이 정말 약하기 때문은 아니라고 봐. 약자라고 해서 그들이 평생 돌봄을 받아야 하는 건 아니라고. 여성이나 청소년도 그렇지 않을까?"

"그럼 어떡해야 하는데? 그냥 부자들에게 세금을 많이 걷어?"

"층위에 따라 부담해야 할 몫이 다르겠지. 상위 1%와 10%가 똑같은 세금을 내는 게 오히려 불평등한 거 아닐까? 실제로 불평등은 네가 말하는 경제 성장에도 부정적인 영향을 미

쳤어. 그래서 국제기구들은 증세를 통한 복지 확대와 노동시장에의 적극적인 개입을 지지하고 있어. 피케티처럼 글로벌 자본세를 제안하는 사람도 있고."

"부자들이 세금을 내기 싫어하면? 조세 회피처나 다른 나라로 떠날 수도 있고."

"내가 알기에 한국만큼 부자들이 살기 좋은 나라도 없어. 외국으로 가면 후회할걸. 그리고 그런 저항이 있을 수 있기에 정치의 역할이 중요한 거야. 사회적으로 합의를 해야지."

"아, 나는 여전히 탈성장이 부담스러워. 다른 길도 있을 듯한데. 아까 얘기했던 녹색 성장이라는 것도 있잖아. 성장을 유지하면서도 이산화탄소 배출을 줄일 수 있다는."

"그런 주장이 있지만 검증된 바가 없고, 이산화탄소 배출량이 줄어든 적도 없어."

"유엔도 지속가능한 성장을 얘기하던데. 재생에너지 생산을 확대하면 화석연료 사용을 줄여도 지금의 경제 규모를 유지할 수 있는 거 아니야?"

"지속가능한 성장, 많이 얘기하지. 넌 그게 뭐라고 생각하냐?"

"인터넷을 찾아보니까 '지속가능한 발전(sustainable development)'은 1972년에 스톡홀름에서 열린 유엔인간환경회의(UNCHE)에서 공식적으로 제안되었고, 세계환경개발위원회(WCED)의 〈브룬트란트 보고서〉(1987년)를 거쳐, 유엔 〈아젠다21〉(1992년), 〈리오선언〉(1992년) 등으로 이어지며 발전되었다는데. 〈브룬트란트 보고서〉를 보면 지속가능한 발전은 미래 세대의 필요를 충족시킬 수 있는 능력에 손상을 주지 않으면서 현세대의 필요를 충족시키는 발전이라 불리네. 환경을 충분히 고려한 성장 아냐?"

"그러니까 그게 어떻게 가능하냐고?"

"환경 문제와 경제 문제를 동시에 해결하는 게 가능하다잖아. 생태계를 파괴하는 기업 활동을 철저히 통제하고, 에너지를 효율적으로 사용하고 재생에너지에 투자하는 것, 이게 그 린뉴딜 아니야?"

"그린뉴딜은 경제의 확장을 전제하지 않는 전략이야. 오히 려 일정한 감소를 감내하는 거지. 그런데 지속가능한 성장은 여전히 성장을 포기하지 않아. 네가 생각하기에 생태계를 파 괴하지 않는 성장은 어떻게 가능할 것 같아?"

"그거야, 나는 모르지."

"이런 뻔뻔한! 대체로 재생에너지를 대안으로 얘기하고 그 게 필요하기도 해. 그런데 재생에너지 시설을 만드는 데에도 자원과 에너지가 들어가. 무조건 많이 세운다고 좋은 것도 아 닌데, 재생에너지 발전소도 많이 세우면 GNP가 올라가니 성 장을 전제하는 순간 어떤 일이 벌어질지 몰라."

"기술이 발전하면 자연을 파괴하지 않고도 성장을 할 수 있 지 않나? 이산화탄소도 탄소 포집 시설로 회수할 수 있고, 자 동차를 전기자동차로 바꾸면 화석연료를 쓰지 않아도 되고."

"전기자동차가 연료를 전기로 쓰는 거지 차체와 부품은 뭘 로 만들까? 새로운 걸 자꾸 만들면 그만큼 자원이 들 수밖에 없어. 눈 가리고 아웅하는 식 같지 않아? 그리고 자가용이 많 은 것보다는 공공 교통이 강화되는 게 더 필요해. 정말 사회가 바뀌려면 관점의 전환이 필요해. A를 B로 대체하는 식이 아니라 인간과 사회를 바라보는 관점이 근본적으로 바뀌어야 해."

"어떻게 바뀌어야 하는데?"

"가령 로하스(LOHAS)라는 게 있어. 로하스는 'Lifestyles Of Health And Sustainability'의 줄임말로 2000년 이후 건강과 환경을 해치지 않고 보호하는 생활을 뜻해. 웰빙이 개인의 건강이나 환경에 대한 관심을 뜻한다면, 로하스는 내가 사는 사회에 대한 환경과 사회적 책임을 강조하지. 비슷해 보이지만 다른 면이 있어. 로하스는 먹거리만이 아니라 재생에너지, 재활용, 물물교환, 대체의학 등 다양한 경제활동을 포함하지."

"좋네, 그리고 로하스에도 지속가능성이 들어가네."

"맞아. 바로 그래서 로하스에 대한 비판이 있어. 이미 존재하는 구조적인 문제를 회피한다는 거지. 사회적 책임을 강조하는 건 좋은데 대안적인 삶을 강조할 뿐 기존 사회의 구조적인 문제를 회피한다는 거지. 우주선 지구호라는 말처럼 전 세계가 운명 공동체라는 점은 사실이지만 모든 국가가 똑같이 책임을 져야 하는 건 아니라고. 남반구를 바꾸려면 북반구가 먼저 변해야 하고, 남반구와 북반구가 똑같은 책임을 져야 한다는 생각이 포기되어야 한다고. 그렇지 않으면 구조가 안 바꾸어.

이런 구조적인 원인은 지구 전체에서만이 아니라 한 국가 내에서도 드러나. 부자들은 채식을 하고 다이어트를 하며 웰빙을 누릴 때, 가난한 이들은 값싼 고기로 만든 패스트푸드와 먹거리를 먹으며 비만이 돼. 단지 먹거리만이 아니지. 부자들은 에너지 효율이 높은 가전제품을 쓰고 하이브리드카를 타지만 가난한 이들은 에너지 효율이 낮은 전자제품을 사용하고 경유나 휘발유를 쓰는 중고자동차를 탈 수밖에 없어. 그 동안의 발전으로 이득을 본 사람들은 지속가능한 발전을 따라갈 수 있지만, 정작 발전의 기회조차 누리지 못한 사람들은 점점 더 빈곤 속으로 떨어지면서 생태계를 파괴한다는 비난까지 받게 돼. 이게 좋은 일일까? 이런 문제를 놓치면 안 돼."

"참으로 어려운 문제네."

"그리고 리바운드 효과(rebound effect)라는 게 있어. 더 나은 기술로 절약된 에너지와 돈, 시간이 다시 소비주의로 흐르면서 개선의 효과가 사라진다는 거야. 예를 들어, 어떤 사람이 에너지 효율성이 높은 새 냉장고를 구입하면, 효율이 좋으니까 냉장고를 더 많이 쓰는 거지. 연비가 좋은 자동차를 구입해서 휘발유와 돈을 절약하는 건 좋은데, 그래서 장거리 여행을 더 많이 다니면 에너지를 절약하는 효과가 사라져. 좋은 기술로 생산비를 낮추면 예전만큼 생산하는 게 아니라 물건을 더 많이 생산해서 이윤을 남기고 싶어져. 그런데 지금 필요한 건 효율성이 더 좋은 상품으로 바꾸는 게 아니라 자원소비와 수요를 근본적으로 줄여야 한다는 거지."

"삼촌은 아껴야 잘 산다주의구나."

"아니, 낭비하지 말자주의라고 해 줘."

생태주의는 이상주의가 아닐까?

"삼촌, 그레타 툰베리에 맞서는 독일 10대가 있다던데 들어봤어? 이름이 뭐더라…."

"몰라. 인터넷 찬스."

"여기 봐. 독일의 유튜버 나오미 자입트(Naomi Seibt). 기후위기가 과장되었다며 젊은 세대가 미래를 두려워하고, 기성

세대가 지구를 망치고 있다고 믿지 않으면 좋겠다고 말했다는데. 자신은 기후 현실주의자라면서."

"뭐야, 그래서 트럼프와 미국이 지원을 한다고? 근데 근거가 있어야지. 잠깐만, 와, '독일을 위한 대안(AfD)'이라는 정당의 행사에서 연설했네. 이 정당은 남유럽에 대한 지원과 난민을 반대하는 극우정당인데."

"어쨌거나 이런 사람들이 주목을 받는 건 생태주의의 주장이 너무 과격해서 아니야? 기후 위기가 심각한 건 맞지만 그렇다고 지구가 멸망할 거라고 주장하는 건 역시나 공포에 호소하는 전략 아닌가? 그리고 성장하지 않더라도 자연에 손을 대지 않는 건 불가능하고, 생산과 소비는 필요한 거잖아. 경제가 윤리는 아니잖아."

"그렇다고 폭력이 경제는 아니야. 지금까지 우리는 너무 많은 폭력을 묵인해 왔어. 인간이 자연과 무수한 생명에게 가하는 폭력, 인간이 인간에게 가하는 폭력. 이런 폭력을 줄여 나가는 것은 자연과 인간 모두에게 좋은 일이지."

"거참, 사람이 살자고 그러는 건데."

"어떤 기준에 맞춰서 살자고 삶을 재단하자는 건 아니고, 뉴딜이라는 말처럼 새로운 합의를 만들자는 거야."

"그런 기준이 서로 충돌할 가능성은 없어?"

"있지. 재미있는 이야기 하나 해 줄까? 전국금속노동조합 두산중공업지회는 민주노총의 공식 입장과 달리 정부의 탈핵 정책을 반대하고 있어. 두산중공업이 핵발전소 설비를 담당하거든. 안전도 중요하지만 노동자 고용도 중요하다는 논리야. 두산중공업의 위기는 탈핵정책보다는 경영진의 무리한 아파트 건설과 자금난 탓이 큰데, 마치 탈핵정책 때문에 일자리가 사라지는 것처럼 이야기되는 거지. 노동조합이 이런 회사의 편을 드는 거고. 이러면 새로운 합의가 불가능해. 생태주의자들이 이상주의인 게 아니라 지금 현실이 너무 완고한 거야."

"노동자들도 성장하지 않는 사회에 대해 두려워하는구나. 같은 운동권이라도 서로 입장이 다르겠어."

"맞아. 그래서 노동운동과 환경운동이 서로 부딪치는 경우가 많아. 그렇지만 함께 탈성장의 경로를 잡아야 미래가 있을 거라고 봐. 지금 우리 삶을 바꿔야 미래가 있어."

"정말 기술적인 해결책은 없을까? 생태주의자들이 과학기술을 의도적으로 무시한다는 비판을 받던데."

"과학기술의 문제점을 지적하는 게 기술문명을 포기하자는 건 아니야. 물론 극단적인 사람들도 있지만. 탈성장이 주장하는 건 기술 포기가 아니라 시민들이 통제할 수 있고 미래를 파괴하지 않을 수준의 기술이야. 탈성장, 위험하지 않아."

▎▎▎▎▎▎▎▎ 가지 않은 길에 대한 두려움은 자연스러운 일이다. 그렇지만 탈성장은 더 평등한 세계로 가기 위한 경로이다. 물건을 생산하지 말자는 게 아니다. 더 오래 쓰고 고쳐 쓸 수 있는 물건을 만들자. 노동시간을 줄이고 삶을 즐기며 더 행복한 삶을 살자. 지금의 행복을 미래로 미루지 말고 지금 그 행복을 누릴 방법을 찾자. 이것이 두려운 삶일까?

탈성장이라고 해서 투자가 없어지는 것도 아니다. 오히려 행복한 삶을 위한 투자는 더욱더 필요하다. 사람들이 시간을 보내며 취미생활을 할 수 있는 작업장과 휴식 공간, 소규모 공원, 공공 도서관 등은 탈성장 사회에 꼭 필요한 시설들이다. 단순하고 소박한 삶은 각자 알아서 살아남는 삶이 아니라 서로가 서로의 삶을 지지해 주는 삶이다. 그래야 정말 소박하게 살 수 있고, 그 삶에서 의미를 찾을 수 있다. 지금처럼 성장만 바라보는 삶에서는 소박하게 살 수 없다.

6.
탈성장이란
삶을
바 꾸 는   것

"삼촌, 탈성장에도 대표적인 이론가가 있을까?"

"다큐멘터리에도 나왔을 텐데. 히오르고스 칼리스(Giorgos Kallis) 교수."

"칼리스 교수는 성장 대신 어떤 삶을 권해?"

"이미 사람들이 많이 하는 것이기도 한데, 도시 텃밭, 코하우징(Co-Housing; 공동주거), 대안적인 식품 네트워크, 생산자-소비자협동조합, 공동 부엌, 의료생협, 공동육아협동조합, 공개 소프트웨어, 분산형 재생 가능 에너지, 지역 화폐, 물물교환, 타임 뱅크(time bank), 금융조합 등 엄청 많지."

"뭐야, 이미 꽤 많네."

"너희 아빠가 조합원인 소비자생활협동조합(생협)도 그런 곳이야. 농촌의 농부와 도시의 소비자를 연결해서 안전하고 건강한 먹거리를 생산하고 소비하는."

"나도 한번 매장에 따라가 봤는데, 슈퍼마켓이랑 비슷하던데."

"매장은 그렇겠지. 지금도 집집마다 배달해 주는데, 옛날에는 한 집에 배달해 주면 여러 집이 모여 농산물을 나눠 가졌어. 그러면서 자연스럽게 서로 교류도 하고, 농촌에 재해가 들면 기금도 모으고 일손이 필요할 땐 가기도 하고."

"유기농 먹거리가 필요해서 하는 곳만은 아닌가 보네. 맞아, 매장에서 식품 표시와 관련된 서명도 받고 그러더라."

"탈성장이라는 게 추상적인 말 같지만 이미 현실에 많이 들어와 있어."

"서울에 있는 오디세이학교도 그렇게 볼 수 있나? 나도 갈까 고민 중인데, 고등학교 1학년이 되는 학생들이 자율 교과과정을 통해 삶과 진로를 고민하는 전환 과정이라던데."

"그렇지, 그런 교육 과정도 탈성장의 방식이라 볼 수 있지."

"그래, 이렇게 구체적인 걸 좀 말해 줘 봐."

"이 삼촌은 언제나 구체적…."

"아, 됐고."

"너 '소확행'이라고 들어 봤어?"

"응, 들어는 봤는데 정확한 의미는 솔직히 몰라."

"소확행, 소소하지만 확실한 행복. 일본의 작가 무라카미 하루키(村上春樹)가 한 말이야."

"커피 한 잔의 여유, 뭐 이런 건가?"

"맞아. 그렇게 사용되어 욕을 좀 먹기도 했지. 사회적인 성공보다 자신이 원하는 삶을 사는 건 좋은데, 그렇게 살 수 있는 사람이 많지 않다는 거지. 물론 그럼에도 스스로 어떤 삶을 택한다는 건 용기 있고 좋은 일이지. 혹시 임순례 감독의 〈리틀 포레스트〉란 영화 봤어?

"오, 김태리. 내가 좋아하는 배우지. 봤지."

"그 영화 어땠어?"

"음, 좋아 보이기도 하고 갑갑해 보이기도 하고. 뭐랄까. 여유 있어 좋아 보이는데 딴 세상 같은 느낌이랄까. 나라면 저렇게 살 수 있을까, 저 삶에 만족할까, 이런 생각이 들었지. 그리고 서울에서 살아 봤으니까 저렇게 살 수 있는 게 아닌가, 시골에서만 컸으면 서울 가고 싶지 않을까, 뭐 이런 생각도 들었어."

"그럴 수 있지. 영화가 말하고 싶었던 건 이렇게 살아야 한다가 아니라 이런 삶도 있다, 아등바등 사는 삶도 있지만 직접 기르고 가꾸며 사는 삶도 의미가 있다, 그 정도라고 봐. 넌 소박함이 뭐라고 생각하니?"

"소박함? 나랑 내 친구들은 그런 말 잘 안 쓰는데. 어디 보자, 사전에는 소박(素朴). 꾸밈이나 거짓이 없이 수수함, 잘 다듬어지지 않거나 복잡하지 않음, 이렇게 되어 있네. 꾸미지 않고 있는 그대로 산다는 건가?"

"그래, 소박한 삶이 원시적인 삶은 아니란 말이지. 오히려 지금보다 하고 싶은 건 더 많이 할 수 있을지도 몰라. 자고 싶을 때 자고, 쉬고 싶을 때 쉬고."

"무릉도원인가?"

"아니, 일할 땐 더 치열하게 일해야겠지. 너는 기후 위기가 인간에게 미칠 가장 큰 영향이 뭘 것 같아?"

"폭염? 요즘 날씨가 장난 아니잖아."

"그렇기는 한데, 가장 크게는 먹거리야. 폭염, 혹한, 가뭄, 홍수, 태풍, 이런 게 결국은 식량 위기로 나타날 거란 말이지."

"그러네. 그렇게 되면 농산물 가격이 막 오르겠다."

"지금은 온 세상의 농산물이 왔다 갔다 하지만 기후 위기가

심해지면 각 나라들은 농산물의 거래부터 막을 거야. 아니면

아주 비싼 가격에 팔겠지."

"그럼 어떡해? 사람들이 식량을 구하기 위해 가게를 막 약탈하고 그러나?"

"그건 정말 안 좋은 시나리오겠지. 그렇게 약탈이 벌어지면 경찰이나 군대가 출동할 거고, 그러면 민주주의여, 안녕이야."

"농촌은 그나마 괜찮을 텐데 도시가 문제겠네. 서울은 어쩌나."

"그래서 도시에서도 조금씩 땅을 경작하는 게 필요해. 요즘 텃밭 많이 하잖아. 그렇게 소소하게라도 농사를 지으며 모두가 조금씩 농부가 되는 삶, 그러면 굳이 김태리처럼 시골로 내려갈 필요도 없지. 그리고 그런 텃밭이 폭염의 효과도 누그러뜨리고 생태계를 복원하기도 하고."

"그러게. 텃밭 조그만 거 해도 상추랑 깻잎 같은 건 엄청 많이 나오더라."

"텃밭을 잘 가꾸려면 여유가 있어야 해. 가끔 먼지도 뒤집어쓰고 햇볕에 얼굴도 좀 타야 하고. 깔끔하고 깨끗하게만 살 필요는 없단 말이지. 그렇게 사는 게 유별난 게 아닌 세상, 그게 탈성장 사회야."

"소박함 말고 탈성장 사회에 또 중요한 게 있어?"

"탈성장의 중요한 가치 중 하나는 공존이야. 공존이 뭐라고 생각하니?"

"같이 사는 게 공존 아닌가?"

"맞아. 그런데 같이 산다는 건 서로가 마주 보며 서로의 존재를 인정할 때에만 가능한 거지. 아무것도 없는 공터라고 부르지만 실은 거기에도 많은 생명들이 살고 있잖아. 그 생명들이 눈에 들어와야 공존이 가능한 거지. 보이지 않으면 공존도 불가능해."

"오, 뭔가 심오한 듯한."

"예전에는 애완동물이라고 했는데 요즘은 반려동물이라고 하잖아. 왜 그럴까?"

"애완은 왠지 인간에게 좋은 말 같아."

"맞아. 애완(愛玩)은 글자 그대로 인간이 사랑하고 가지고 노는 동물이야. 반면에 반려(伴侶)는 함께하는 벗을 가리켜. 인간과 동물의 관계가 동등하진 않지만 일방적이진 않은 거지."

"그러네. 이미 뭔가가 바뀌고 있네."

"따지고 보면 우리가 겪어야 할 위기 중 미세먼지, 기후 위기, 식량 위기, 어느 것 하나 쉬운 게 없어. 인간의 힘만으로 이걸 헤쳐 나갈 수 있을까?"

"그럼 어떻게 해? 우주의 기운?"

"너 〈아바타〉라는 영화 본 적 있냐?"

"왠지 옛날 영화 같은 느낌."

"2009년도 영화야. 시간 날 때 한번 봐. 에너지가 없어지자 지구는 멀리 떨어진 행성에서 자원을 캐기 위해 아바타라는 프로그램을 개발해. 그 행성의 토착민과 인간의 혼종인 거지. 주인공은 아바타를 통해 토착민과 교류하며 공존의 가치를 깨닫게 되고 지구인들이 자원을 마구 약탈하며 전쟁을 일으키자 토착민 편에 서. 재밌는 건 토착민의 힘이 지구인의 무기를 감당하지 못하는데, 자연이 토착민의 편에서 함께 싸우면서 결국 승리하게 돼."

"자연이 편을 든다, 신기하네."

"지금도 지구를 가이아, 즉 하나의 생명체로 보는 사람들은 여러 위기들이 스스로 자신을 치유하려는 지구의 움직임이라고 봐."

"헛, 그럼 정말 인간이 지구를 파괴하는 바이러스라는 건가."

"그렇게까지 볼 필요는 없고 인간의 책임성이 여전히 중요하지만 그동안 인간의 시선으로만 자연을 봐 왔다는 점을 인정해야 하는 거지. 그리고 때로는 자연의 요청에 순응할 때도 있어야 하고."

"그동안 인간은 자연을 정복해야 한다고 생각했는데 그것부터 바꿔야 하는 거네. 자연과 공존하는 것으로."

"그렇지. 정복하지 않아도 평화롭게 살 수 있는 삶."

약육강식, 각자도생이 아닌 공생공락

"참 좋은데 이상적인 이야기로 들린다."

"원래 인류는 이상에서 시작해 지금까지 역사를 만들어 온 거야. 그리고 서로 돕고 사는 삶은 자연의 법칙이기도 해."

"자연의 법칙은 적자생존 아니야? 강한 자가 살아남는다."

"적자생존도 있지만 상호부조도 있어. 러시아의 사상가 크로포트킨(Pyotr Kropotkin)은 다윈의 진화론을 연구해서 서로 보살피는 상호부조야말로 자연계 진화의 비밀이라고 주장했어. 경쟁과 적자생존도 있지만 그것은 예외적인 시기이고 평상시에는 서로 돕고 공생을 추구한다는 거지."

"진짜? 나는 왜 적자생존으로만 배웠지."

"이건 과학으로도 증명된 사실이야. 미국의 생물학자 린 마굴리스(Lynn Margulis)와 그녀의 아들 도리언 세이건(Dorion Sagan)의 《생명이란 무엇인가》(김영 옮김, 리수, 2016)는 생물이 자기 완결적이고 자율적인 개체가 아니라 다른 생물과 물질과 에너지, 그리고 정보를 상호교환하는 공동체라고 주장해. 비록 느리기는 하지만 우리는 숨을 쉴 때마다 생물권의 호흡하는 다른 생물들과 연결되어 있다는 거야. 즉 생명체는 물과 공기를 통해 복잡하게 서로 얽혀 있고, 지구상의 생물들은 수십억 년 전부터 상호작용을 하며 지구의 생존 조건을 유지해오고 있다는 거지."

"진짜? 그럼 아까 삼촌 말처럼 인간이 지구와 공생하기로 결심하면 지구가 인간을 도와 기후 위기를 극복하도록 도울 수도 있겠네."

"그건 과학적으로 증명되지 않았으니 알 수 없지만 나는 그러리라고 본다. 따지고 보면 인간도 단독자가 아니라 공생의 복합체거든. 우리 몸속과 피부, 몸 밖에서 살고 있는 박테리

아가 얼마나 많으냐."

"윽, 그런 설명은 좀 싫으다."

"불편할 수 있지만 사실이야. 마굴리스와 세이건은 박테리아들이 서로 결합하기도 하고 박테리아가 다른 생물 속에서 살아가는 공생을 통해 새로운 개체가 만들어지고 생물이 진화한다고 봐. 이런 주장을 받아들인다면 공생은 공상이 아니라 자연적이고 자발적인 질서야. 다만 잘못된 사회구조가 그런 질서를 파괴해 왔을 뿐이지."

"음, 도덕 교과서 같지만 귀담아 들을게."

"아까 얘기했던 생협도 그런 정신을 이어받은 조직이야. 농촌의 농부와 도시의 소비자는 농산물이라는 상품을 거래하는 당사자로 서로의 이해관계가 대립하는 듯하지만 농부가 안전한 농산물을 보내야 도시의 소비자도 건강해지듯이 서로의 삶이 연결되어 있다는 점을 깨닫는 거지. 먹거리에만 이런 협동조합이 있는 게 아니라 의료생협 같은 병원도 있고, 생활공간을 공유하는 주거협동조합도 있어. 놀라지 마라. 스페인의 FC바르셀로나도 협동조합이야.

"뭐라고, 리오넬 메시가 있는 그 바르셀로나? 대박."

"너는 행복이 뭐라고 생각하니?"

"나는 그런 선문답 싫어하는데. 온종일 원 없이 유튜브 보고 게임하는 거?"

"뭐, 그럴 수 있겠다. 동서고금을 막론하고 많은 철학자들이 '인간에게 행복이란 무엇인가?'라는 질문을 안고 씨름했어. 고대의 철학자들이 행복을 공동체에의 참여나 정신적 삶에서 찾았다면, 근대의 철학자들은 그 행복을 개인의 자유나 소유권에서 찾았지. 고대에서 근대로 넘어오면서 행복의 기준이 정신적인 가치나 공동체적인 가치에서 물질적이고 개인적인 가치로 변한 거야. 지금 우리 삶과 비슷하지.

그런데 작지만 자기 땅에서 농사를 짓던 시대보다 지금이 행복하다고 장담할 수 있을까? 농사를 지을 때보다 도시의 공장이나 사무실에서 일하는 것이 더 행복한 삶이라고 자신 있게 대답할 수 있을까? 옛날 보릿고개를 겪던 시절에 비해 지금 우리가 훨씬 더 많은 풍요를 누리는 것은 분명하지만 그 풍요가 우리의 행복을 보장하지는 못해."

"그래서 하고 싶은 말이 뭐야? 삼촌은 본론을 말하라."

"행복의 조건은 어느 정도 개인의 주관적인 판단에 달려 있기에 한 사람의 행복을 다른 사람이나 사회가 일방적으로 지정할 수 없어. 예를 들어, 찢어지게 가난한 집이라도 화목한 가족들의 관계나 따뜻한 마을 공동체가 개인에게 행복을 줄 수 있고, 제아무리 재벌집 자손이라도 진정한 우정이나 사랑을 찾지 못해 자신이 불행하다고 느낄 수 있지. 이런 주관적인 판단 외에도 행복은 다양한 특징들을 가지고 있어. 가령 어떤 이는 자유가 행복의 가장 기본적인 조건이라 말할 수 있고, 또 어떤 이는 더불어 사는 공동체의 삶이 진정한 행복이라 말할 수도 있어."

"그렇지. 내가 그러하듯이."

"이렇게 행복이 다양하게 정의될 수 있다면 행복한 삶은 경제 성장이라는 한 가지로 설명될 수 없어. 그런 점에서 우리 시대의 행복을 증진시킬 수 있는 새로운 전략이, 행복한 삶을 위한 전략이 필요해.

시민들은 이미 끊임없이 새로운 실험을 시도하고 있어. 땅이나 물, 숲, 공기, 에너지처럼 많은 생명체에게 영향을 미치는 자원들을 공동으로 관리하려는 시민들은 자신들을 커먼즈(commons)라고 불러. 이들은 어느 누구의 것도 아니어서 모두가 이용할 수 있는 공유지를 넓히려고 해. 예를 들자면, 낡은 건물을 주민들이 자발적으로 관리하며 문화시설로 바꾸거나 공터를 활용해 누구나 농작물을 수확할 수 있는 텃밭을 일구는 것이지. 정부에 요구한 뒤 변화를 한없이 기다리는 대신, 시민들은 공동의 자원을 함께 관리하며 자발적인 아이디어로 변화를 스스로 만들어 가고 있기도 하고."

"그러니까 우리도 그런 흐름에 동참해야 한다는 건가?"

"동참하면 좋고, 아니더라도 찬물은 끼얹지 말아야지. 최소한 공유지를 훼손하지 않고 필요하다면 내 몫도 기꺼이 내놓는 용기가 필요해. 그래야지 서로 필요할 때 의지할 수 있는 비빌 언덕이 생겨."

"비빌 언덕, 살펴 주고 이끌어 주는 미더운 대상. 삼촌은 참

특이한 단어를 많이 써."

"너에겐 비빌 언덕이 있느뇨? 잘 생각해 봐."

'아모르 파티(amor fati)'라는 말이 있다. 가수 김연자의 유명한 노래 제목인 이 말은 '운명에 대한 사랑(love of fate)'이라는 뜻의 라틴어다. 노래 가사처럼 아모르 파티는 미래를 저당잡히지 않고 현재를 즐기는 삶이다.

엄청난 위기 앞에서 현재를 즐기자니 이상한 이야기 같다. 하지만 현재를 즐기는 것이 미래를 대비하는 것이기도 하다. 장일순과 이현주의 이야기를 모은 《노자 이야기》(이현주 편, 삼인, 2003)에는 노아의 방주 이야기가 나온다. 노아는 세상이 물로 망할 거라는 사실을 안다. 노아는 사람들을 설득하러 다녔지만 사람들이 자신의 말에 귀를 기울이지 않자 홀로 방주를 만들기 시작했다. 아마도 노아는 사안이 심각한데 한가하게 배나 만드냐, 너 혼자 살겠다고 그러냐, 뭐 이런 이야기를 잔뜩 들었을 거다. 하지만 그런 노아가 없었다면 인류도 생명도 이어지지 못했다. 결과적으로 보면 노아의 방주가 있었기에 인류도 생명도 시대를 이어 가게 된 셈이다.

물론 노아가 "이건 내 배니까 싫은 것들은 다 내려" 이렇게 말했다면 재수 없고, 아마 그도 결국은 홀로 죽었을 거다. 하지만 자신의 배를 공유물로 썼기에 그도 살고 생명도 살았다. 자신을 알뜰히 챙기면서도 타자에게 넉넉하게 열려 있는 삶,

여기서 시작해야 한다.

심리학자 에리히 프롬(Erich Fromm)은 《희망의 혁명》(서음미디어, 1983)에서 "희망은 역설적이다. 희망은 피동적으로 기다리는 것이 아니며 일어날 수 없는 상황을 억지로 일으키려는 비현실적인 태도도 아니다. 희망은 움츠린 호랑이 같은 것으로 덤벼들 순간이 왔을 때 비로소 덤벼드는 것이다. 지쳐 버린 개량주의도, 사이비 급진적 모험주의도 희망의 표현은 아니다. 희망을 갖는다는 것은 아직 생겨나지 않은 것을 위하여 언제든지 준비가 되어 있는 것을 말하며, 설령 일생 동안 아무것도 생겨나지 않았다 하더라도 절망적으로 되지 않는 것을 말한다."라고 말했다. 비록 웃픈 현실이지만 우리 자신이 희망의 근원이기를 포기하지 않는다면, 그러면서 우리 각자가 다른 누군가의 비빌 언덕이 되어 준다면, 희망은 냉소를 이길 수도 있다.

생각만 하던 길을 떠나기

2020년 5월 13일, 전 세계의 탈성장 연구자와 활동가를 비롯한 1000여 명의 개인과 70여 개의 단체들이 '탈성장: 경제의 새로운 근간'이라는 편지를 공개했다. 코로나19 바이러스의 대유행이 사람과 물자의 이동을 막았고, 실업률은 높아지고 경기는 침체되었다. 코로나 이후의 세계는 어떻게 될까? 탈성장을 지지하는 사람들은 어떤 고민을 하고 있을까?

몸이 약하고 나이를 먹은 사람들에게 치명적인 코로나19 바이러스, 가난한 이들에게 불리한 의료 시스템은 인류의 생존을 위협하고 있다. 남극과 북극의 빙하가 녹고 이상 기온, 곳곳에서 벌어지는 대규모 산불, 시베리아 동토층의 해빙, 폭풍과 가뭄 또한 위협에 가세한다. 이 편지는 "2008년 금융위기 이후와는 달리 우리는 기업을 구제하는 것이 아니라 사람과 지구를 구해야 하며, 긴축이 아닌 자족(sufficiency)에 기반한 대응으로 위기에서 벗어나야 합니다."라고 제안한다. 그러면서 새로운 경제의 토대를 다지기 위한 다섯 가지 원칙을 제시한다.

1) 경제체제의 중심에 생명을 위치시켜야 합니다.

2) 모두를 위한 좋은 삶을 위해 어떠한 노동이 얼마나 필요한지를 근본적으로 재평가해야 합니다.

3) 핵심적인 재화와 서비스의 제공을 중심으로 사회를 조직해야 합니다.

4) 사회를 민주화해야 합니다.

5) 정치·경제체제를 연대의 원칙에 기초하여 구축해야 합니다.

세계는 점차 인간에게 이로운 농업과 산업을 육성하고, 노동자들이 안전하고 건강한 환경에서 일하며 노동시간을 단축하고 일자리를 나누는 제도를 도입하는 움직임을 보이고 있다. 또한 식량과 주택, 교육과 같은 기본적인 필요를 충족시키고 기본소득과 최저 및 최대 소득이 민주적으로 결정되고 도입되어야 한다. 이런 전환 과정에는 모든 이가 의사결정에 참여할 수 있어야 하고 특히 사회적으로 소외된 집단의 참여가 필수적이다. 기업과 금융은 민주적으로 통제되고 에너지와 식량, 주택, 의료, 교육 등은 탈상품화되어야 한다. 마지막으로 남반구와 북반구의 화해와 협력, 세대 간의 재분배와 정의를 위해 과거의 착취에 대해 보상하고 기후 정의를 실현해야 한다. 이 편지에서 탈성장 사회로 가는 길은 좀 더 분명하게 드러나고 있다.

마지막으로 이 편지는 다음과 같이 선언한다.

"성장에 의존하는 경제체제가 지속되는 한 경기침체는 치명적일 것입니다. 세계가 필요로 하는 것은 '탈성장'입니다. 즉, 계획적이지만 변화에 적응하는 지속가능하고 평등한 방식으로 경제의 규모를 축소시킴으로써 덜 가지고도 더 잘살 수 있는 미래로 나아가야 합니다. 현재의 위기는 많은 이들에게 잔혹하며 특히 가장 취약한 이들에게 더욱 심한 타격을 입히고 있지만 우리에게 성찰하고 다시 생각할 기회를 주고 있기도 합니다. 위기는 우리로 하여금 진정으로 중요한 것이 무엇인지를 깨닫게 해 줄 수 있으며, 발판으로 삼아야 할 수많은 잠재력을 보여 주고 있습니다. 운동이자 개념으로서의 탈성장은 10년 이상 이와 같은 문제들에 대해 성찰해 왔고, 지속가능성, 연대, 평등, 공생(conviviality), 직접민주주의, 삶의 즐거움과 같은 가치들에 기반한 사회를 다시 생각하기 위한 일관된 틀을 제시하고 있습니다."

우리는 현재 여러 가지 심각한 위기들을 겪고 있기에 마냥 생각만 하고 있을 수는 없다. 어쩌면 가다가 되돌아오는 일을 반복해야 할지도 모른다. 하지만 걸어가면서 생각해야 우리가 가는 길이 맞는지 아닌지를 알 수 있다. 이제 새로운 방향으로 길을 떠날 때이다.

사회
쫌 아는
십 대
12

탈성장
쫌 아는 10대

멈추는 것이 아닌
함께 나아가는 것

초판 1쇄 발행 2021년 4월 20일
초판 3쇄 발행 2023년 7월 31일

지은이 하승우
그린이 방상호
펴낸이 홍석
이사 홍성우
인문편집팀장 박월
편집 박주혜
디자인 방상호
마케팅 이송희
관리 최우리·김정선·정원경·홍보람·조영행·김지혜

펴낸곳 도서출판 풀빛
등록 1979년 3월 6일 제2021-000055호
주소 07547 서울특별시 강서구 양천로 583 우림블루나인 A동 21층 2110호
전화 02-363-5995(영업), 02-364-0844(편집)
팩스 070-4275-0445
홈페이지 www.pulbit.co.kr
전자우편 inmun@pulbit.co.kr

ISBN 979-11-6172-793-6 44300
       979-11-6172-731-8 44080 (세트)

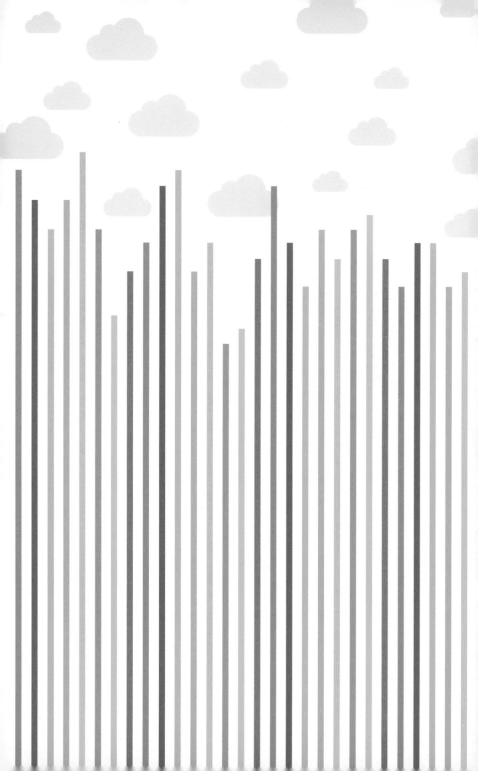